from unwritten histories

from unwritten histories

Eugenijus Ališanka

Translated and with an Introduction by
H. L. Hix

Host Publications
Austin, TX

Cover Photo: Anand Ramaswamy
Jacket Design: Anand Ramaswamy
Layout and Design: Joe Bratcher and Anand Ramaswamy

Library of Congress Cataloging-in-Publication Data

Ališanka, Eugenijus.
[Iš neparašytu istoriju. English & Lithuanian]
From unwritten histories / Eugenijus Ališanka ; translated and with an introduction by H. L. Hix.
     p. cm.
Poetry with parallel English and Lithuanian text on facing pages.
ISBN-13: 978-0-924047-84-8 (hardcover : alk. paper)
ISBN-10: 0-924047-84-4 (pbk. : alk. paper)
ISBN-13: 978-0-924047-82-4 (hardcover : alk. paper)
ISBN-10: 0-924047-82-8 (pbk. : alk. paper)
I. Hix, H. L. II. Title.
PG8722.1.L5318213 2011
891'.9314--dc23
                    2011021836

table of contents

Introduction   *i*

rugsėjo pirmoji / the 1ˢᵗ of september

rugsėjo pirmoji   4
the 1ˢᵗ of september   5

iš lietingų vasarų istorijos   6
from the history of rainy summers   7

idioto kamera   8
idiot camera   9

žvaigždžių karai   10
star wars   11

liepto galas   12
the end of the footbridge   13

nieko tokio   14
nothing much   15

pasaulis pagal celaną ir einsteiną   16
the world according to celan and einstein   17

iš šventųjų gyvenimo   18
from the lives of the saints   19

malborough hotel   20
marlborough hotel   21

auksinis sezonas   24
golden season   25

ekologijos klausimu   28
on the question of ecology   29

iš mokyklos programos   32
from the school curriculum   33

iš gyvenimo šnipiškėse   34
from life in šnipiškėse   35

zmarł w rokų (toliau neįskaitoma)   38
zmarł w rokų (after this indecipherable)   39

trys kapeikos   40
three kopecks   41

baltas kuilys juodomis vagomis   42
white boar in black furrows   43

iš traukinio istorijos / from the history of the train

1. josé saramago žodžiais portugalai turi naujų teritorijų   46
   užkariavimo patirtį
1. in the words of josé saramago the portuguese have experience   47
   conquering new lands

2. sėdėjau vidudienį su bičiuliu don kichotu kavinėj ir   48
   gurkšnojau cheresą
2. in the middle of the afternoon I sat in the don quixote café   49
   and sampled sherry

3. marché de la poésie   50
3. marché de la poésie   51

4. seeing is believing   52
4. seeing is believing   53

5. kaip žinia tobulėjant susisiekimo priemonėms daugėja   54
    mirties atvejų
5. it is well known that as mass transit grows more efficient there   55
    are more incidents of death

6. braingame   56
6. braingame   57

7. ne paslaptis kad turiu bičiulių rygoj parašau kartais kokį   58
    laišką o išsiųst pamirštu taip ir šįkart
7. it's no secret that I have good friends in latvia sometimes I write   59
    them letters but I always forget to mail them like this time

8. hell hunt   62
8. hell hunt   63

9. langas į europą   64
9. window to europe   65

10. europos šmėkla   68
10. europe's ghost   69

11. pasiklydau mieste ir visų klausinėjau kelio   70
11. I got lost in the city and asked everyone I met the way   71

12. keliaudamas renku žemėlapius o grįžęs nežinau ką su   72
    jais daryti
12. during my travels I collect maps but when I return home I   73
    no longer know what to do with them

pagal celsijų nulis / zero celsius

pagal celsijų nulis   76
zero celsius   77

eugenijaus ališankos laiškas sau pačiam   78
the letter of eugenijus ališanka to himself   79

iš vyno istorijos   80
from the history of the vine   81

tapatybės krizė   82
identity crisis   83

iš durnelio istorijos   84
from the history of the klutz   85

saugikliai   94
safes   95

ne visai eilėraštis   96
not exactly a poem   97

augėjo arklidės   98
augean stables   99

16 būdų kaip nužudyti poeziją   100
16 ways to kill poetry   101

eureka   110
eureka   111

šitiek vietos / so much space

šitiek vietos   114
so much space   115

trikdžiai   116
strays   117

1986 balandžio 26   118
26 april 1986   119

iš metamorfozių istorijos   120
from the history of metamorphoses   121

iš neparašytų laiškų archyvo I   122
from the archive of unwritten letters I   123

iš neparašytų laiškų archyvo II   126
from the archive of unwritten letters II   127

iš neparašytų laiškų archyvo III   128
from the archive of unwritten letters III   129

Hogklint   130
Hogklint   131

hagiografija   134
hagiography   135

iš neparašytų karo kronikų   138
from unwritten chronicles of war   139

iš kavinės istorijos   142
from the history of the cafés   143

iš tikėjimo istorijos ... 144
from the history of faith ... 145

iš archeologų gyvenimo ... 146
from the lives of the archeologists ... 147

it's my life ... 150
it's my life ... 151

lydraštis gyvenimų pervežimo kompanijai ... 154
bill of lading to the shipping company of lives ... 155

iš šachmatų istorijos ... 158
from the history of chess ... 159

iš teatro istorijos ... 162
from the history of theater ... 163

iš vaizduotės istorijos ... 164
from the history of imagination ... 165

iš rašytojo istorijos ... 168
from the history of a writer ... 169

vieną kartą gyvenime ... 172
once in my life ... 173

introduction

Eugenijus Ališanka's "unwritten histories" include excerpts "from the lives of the saints," and they also share at least one idea with the written history of one saint, Augustine. Like Augustine, Ališanka recognizes that the present cannot exist for us, since we could perceive it and reflect on it only as time past, but that neither can time past exist, since it is, after all, past. Like Augustine, Ališanka seeks to write a history that, whether it exists itself or not, will restore his existence, locate him in the divine cosmos, make him present to himself.

For Augustine, though, the surety of God's existence raises all things, even the most trivial, to a divine scale and imbues them with meaning and purpose: everything is divine revelation, the whole world tells the glory of God. For Ališanka, in contrast, the tenuousness of his own existence brings everything, even the most universal, to a human scale:

> more and more I'm interested in details
> a loose stitch a wine stain on a collar
> a tattered sock soft hair in a nose
> everything here is my history
> my siberia and my america

> my travels over fields of mars cafés in vilnius
> roofs on dzeržinskis streets
> la petite histoire a small labyrinth of nerves
> ("from the archive…III")

The same phenomena that for Augustine tell the great and universal history, and manifest the radiant omnipresence of God, for Ališanka tell a tiny and trivial history, and constitute nothing more than a small labyrinth of nerves.

The contrast is not so simple, though. Ališanka agrees with Augustine that "everything has something to do / with god" ("idiot camera"), but Augustinian faith gives everything a unity, while Ališanka's faith (or his desire for a faith he does not possess) gives everything — especially himself — a double aspect.

> there where virgin forests had stood
> full of meanings and mysteries
> deserts of shifting sands of imagination appear
> a bony conformation opens slowly
> and a low scrub of passions
> grows over my dreams my balance has been disturbed
> one leg is kicking the air
> the other feeling for the ground
> ("on the question of ecology")

One part of him seeks the spiritual / metaphysical aspect of things, the other seeks the physical / earthly aspect. The dual aspect is irresolvable, leaving the speaker in these poems often in situations similar to that in "from life in šnipiškės" where a trivial thing, an itch caused by lice during the day (when he can't take off his pants to remove the lice) raises a major question: "you're not sure maybe this is a flaw of the imagination," maybe, in fact, "in your pants there is no one at all."

The dual aspect has other consequences also. It draws into question the reliability of experience (since nothing guarantees that the experience of one aspect will coordinate with the experience of the other aspect), leaving the speaker detached from the history he seeks: "*probably something that we don't know about happened / probably it happened but who could now say*" ("from the history of the train" § 12). The dual aspect also means that nothing in the external world sanctions or validates the inner impulse to speak: "I should write more that way I would survive autumn / but I have nothing to write about" ("from the archive…I") The duality makes the speaker feel distant from himself and from others, leaves him able only to "call you from another life" ("star wars").

Lithuania, the last region in Europe to be Christianized, was also the Soviet satellite that most determinedly retained Christianity through Soviet occupation. That same underground persistence of a history whose untimeliness makes it count as defiance, that same paradox of skepticism and faith, that same intense relationship to politics, to god, to personal integrity, to solidarity with one's kin: all inhabit and inform Eugenijus Ališanka's poetry just as they do his nation.

Ališanka worries in these poems whether he is lucid or mad.

> sometimes I think maybe the enemy is different
> maybe not ours maybe not an enemy
> maybe I just stumble on a clod of clay
> bump my head on the door casing
> then rave through the nights
> about an avatar of god on earth
> avatars of a man in heaven
> ("from unwritten chronicles of war")

His worry is justified. The poems *are* ravings: they work by an associative rather than a syllogistic logic, what Hart Crane calls a "logic of metaphor." But these poems are the ravings of hyperlucidity, not obscurity, and they grant the reader exactly what the speaker worries that he himself cannot attain: expanded ability to identify with others, as when we see entire the history of a person and a people in the poignant detail of a man being borne to his grave wearing "his wedding suit split slightly in the back"("nothing much"), and realized possibility of self-determination within a community of others, as in the extraordinary Dickinsonian concluding poem, "once in my life," in which the speaker manages at his funeral to accomplish what "I wanted at least once in my life" to be able to do, and which these poems enable the reader to do, namely "to be myself without being alone."

– H. L. Hix

from unwritten histories

rugsėjo pirmoji

the 1st of september

rugsėjo pirmoji

*taip visada su ta vasara išdegina akis užtemimo dieną stebeilijies
tad visom porom į moters krūtinęęar subliuškusią burę virš
jūros vėjas nuščiūva ir grūni į krantą išsitėkšdamas eilėraščiu
rytąą brendi vėl smėliu šlapimo kvapas giliausiai susigeria
nugludinti kaulai su rasos imitacijom šūkauk nešūkavęs jūra
permuša balsą perskelia šviesą į dvi dalis kurioje iš jų bebūtum
kitoje išdžiūvus jeruzalė kad ir ne protu kad ir ne kūnu žinai taip
visada su ta vasara pradedi mokslus rugsėjį išblyškusia oda*

the 1st of september

*so it always is with summer it parches the eyes which is why on a
day of eclipse all your pores gape at a woman's breasts or a limp
sail on the sea the breeze hushes and when you fall into the waves
the splash leaves only a poem in the morning you plod through
sand the smell of urine soaks into the core polished bones crusted
with dew you can shout but the sea overwhelms the voice splits
light in two it doesn't matter which you are in the other holds a
dried jerusalem though not by mind and not by body you know it
is always so with summer in september you start your studies with
pale skin*

iš lietingų vasarų istorijos

visą vasarą per galvą ritasi debesys
kartais nulyja su perkūnija
kartais tik rūkas rasa ryto pagirios
plunksninis vyras išsitiesęs ražienoj
prisimena kolektyvizacijos pradžią
nekaltus pasistumdymus šieno stirtose
apnuogintas jaunų kolūkiečių šlaunis ypač tos vienos
sustangrėjimą kelnėse kokia būtų gėda
jei pamatytų smeigia šakes į didžiausią
šieno kaugę ir įraudęs meta per petį
kamuolinė moteris įstrigo tarp hortenzijų
galva pilna baltų žiedlapių čiobrelių jonažolių
iš tų laikų kai laikas buvo matuojamas
pilvo potvyniais ir atoslūgiais dabar
gėlių valandos ir dienos nemigo naktys
visą vasarą vaikai su kaliošais baltapūkiai amalai
įsijungia radiją traška
laisvoji banga pritvinkus lietaus žaibų
ieško nesančio dažnio
kerta uždraustas padalas
liuksemburgo oro erdvę severomorsko pašvaistes
kiek daug tuščių visatų
kuriose barška puodai puodynės špižiniai katilai
regis vienas miklus judesys pirštu
ir pagausi metalinį dievo balsą
visą vasarą galvoj ganosi kvailos debesų avys

from the history of rainy summers

all summer clouds roll overhead
sometimes pouring in a thunderstorm
sometimes just mist dew morning hangover
a cirrus man stretched out in stubble
recalls the origins of collectivization
innocent moves in haystacks
naked hips of farm girls especially one
the stiffening in his pants how embarrassing
if someone saw it he stabs the pitchfork into the biggest
haystack and blushing tosses it over his shoulder
a cumulus woman got stuck in hydrangeas
her head full of white perianths thyme saint john's wort
from the time when time was measured by
tides of the belly now
there are hours and days of flowers nights of sleeplessness
all summer children blond-haired like sheet lightning wear galoshes
switch on the radio crackling
the free wave saturated with rain and lightning
looking for the nonexistent frequency
crossing forbidden channels
the airspace of luxembourg the glow of severomorsk
how many empty universes
in which pots pans iron kettles clatter
with one quick movement of a finger
you may catch the metallic voice of god
all summer long in your head stupid cloud-sheep graze

idioto kamera

žolinių rytas blerbiantis moskvičius
pora žigulių senoji polė išsirėdžius
žydra suknia žydras kaspinas žiluose plaukuose
juki kaip jaunystėj kelias dulka saulė
veik zenite išeitų puiki nuotrauka iš viršaus
mažas kaimo herbariumas šešėlių smeigtukais
susmaigstytos visos retesnės rūšys kažkaip susijusios
su dievu man tokios nuotraukos nepavyksta
vis juoduliai po akimis po akiniais po atsikišusiu smakru
ta kuri arčiausia manęs neryški o nepažįstamas
vyras antrame plane atsitiktinai patekęs
į objektyvą ryškių bruožų tampa mano tėvu
kazokiškių bažnyčios šventoriuje procesija moterys spalvotais
apdarais su žolių puokštėm tarsi prie dioniso kojų
vyrai kiek pasimetę susižvalgo ir vėl nutaiso
šeimos galvų miną niekas nefotografuoja tokiom
iškilmingom akimirkom sąmonė užmiršta save ir atsiduoda
gyvenimo srautui ir aš ten po rugpjūčio spalvą įgavusiu klevu
ten ir ne ten fotografuoju savo pilkšvais vyzdžiais
nudilusią švarko rankovę ilgas mergaitės iš miesto kojas
apspurusias monstrancijas automatiniu režimu
mėgėjiškai bet vis viena kita praverčia
dažniausiai nespalvotos ypač rašant eilėraščius
apie meilės ėmimą dangun

idiot camera

assumption morning sputtering moskvich
a couple of zhigulis old lady polja decked out
blue gown blue fillet in her gray hair
laughing as she laughed in youth a dusty road the sun
nearing zenith a good photo would be framed from overhead
a small village herbarium rare species pinned
by shadows everything has something to do
with god I always fail at such photos
blemishes under eyes under glasses under prominent chins
the woman nearest me is blurred and the stranger
further back who came into focus by accident
of sharp features becomes my father
a procession of women in the kazokiškes churchyard in bright
clothes carrying bouquets as if at the feet of dionysus
men a little lost meet each other's eyes and screen
the mine of fathers no one takes pictures at such
solemn moments consciousness forgets itself and drifts in the current
of living I am there too under a maple the color of august
there and not there with my own gray eyes photographing
a worn coat sleeve the long legs of a girl from town
frayed banners on automatic mode
amateurishly but still some photos prove useful
usually black-and-whites especially when writing poems
about love assumed to heaven

＊ Moskvich and Zhiguli are brands of automobiles built in the former Soviet Union.

žvaigždžių karai

vasara baigias aštuntą jau temsta
šunys susisiekia balsų telefonais
naktį geresnis ryšys tolimiausi kaimynai
pasiloja apie moteris kaulus vėl girtą mišą
svirduliuojantį padaržėm
omnitelis per pilnatį taiko nuolaidas
kaime išties pigiau susisuku suktinę
ir sėduosi ant slenksčio
tėvas šiandien trilitrainyje sumušė sviestą
polė atnešė lašinių bryzą
vakarienei dar valgiau agurkų pomidorų
ir raudonųjų pipirų su svogūnais iš daržo
kaime išties pigiau beveik nekainuoja
kaimynai nušienautos žolės uostymo meditacijos
padrikos mintys tokios kad beveik nebe mintys
šiaip kito gyvenimo komiksai miksai remiksai
virš galvos šmėsteli šikšnosparnis
ultragarsinė ryšio technika
leidžia jiems nebaudžiamiems pažeidinėti
mano tylos teritorinę erdvę kariauti nepaskelbtą
karą išlaipinti uodų desantą
gyvenimas pilnaty yra potvynis kraujo jūros šokolado kalnai
adrenalinas agrafija amnezija
taip galvodamas suprantu kad atostogos baigias
uždarau terminuotą vasaros sąskaitą gavęs palūkanas
paskambinsiu tau iš kito gyvenimo
brailio telefonu

star wars

summer's end at eight it's getting dark already
dogs communicate by telephone barks
at night the connection is better distant neighbors
bark to each other about women and bones about drunken misha
staggering along garden borders
omnitel gives discounts at full moon
it really is cheaper out in the country I roll a cigarette
and sit on the threshold
father churned butter today in a mason jar
polja brought fatback
also for dinner I ate cucumbers tomatoes
and red peppers with onions from the garden
it really is cheaper out in the country it costs nearly nothing
neighbors meditations of smelling mown grass
erratic thoughts such as are hardly thoughts
just comic mixes remixes of another life
overhead a bat swoops
supersonic connection technology
allows them to trespass unpunished
in my territory of silence to wage undeclared
war to intercept the landing of mosquitoes
life in the full moon is a flood seas of blood mountains of chocolate
adrenalin agraphia amnesia
thinking like this I understand the vacation nears its end
I close out my account of summer when I get my interest
I'll call you from another life
by braille telephone

liepto galas

priėjau liepto galą
saulėlydis virš tamsžalių pušų
ežeras nurimęs čiuožikai
vandens paviršiuje rašo rengas
viena nugrimzta į dugną
kita atsiranda nendrėse sėdi panas
su dūdele groja neįmatrią melodiją
greičiausiai improvizuoja nelaimingos meilės
tema iššoka žuvis sėdau
į valtį ir nusiyriau vienas
valtis šliuožė nepalikdama pėdsako
mano kūno šešėlis tirpo
siela nebejautė vėsos
džiaugiausi kad lietuviai
turi savąjį
aranžuotą
liepto galą

the end of the footbridge

here at the end of the footbridge
the sun sets over dark green pines
on the calm lake water striders
write rengas on the surface
one dives to the bottom
another rises in the rushes pan sits
with a syrinx playing unstructured melody
probably improvising on the theme of unhappy
love a fish jumps I sit down
in a boat and start rowing alone
the boat gliding leaving no wake
my shadow melts
my soul does not feel the coolness
savoring that the lithuanians
have their own
arranged
end of the footbridge

nieko tokio

kaip grumias lietus su vėju matai kiekvieną rudenį
nematai kaip pakyla šakniastiebis žemės ir mėšlo gurvuoly
nieko tokio žinai kur baigias juziko bulvės prasideda petrienės rugiai
išlakios erotiškos varpos baigias dirvoj pramintas takas
prasideda kaimo kapinės keliolika kryžių kreivai išaugusių dantų
per naktį prilyja burną dieną batai apskretę juodžemiu
net ir sekmadienį apeini kazokiškių šventorių nedrįsti pasmirdęs į vidų
kaip grumias liežuvis su liežuviu dalindamies tylos ostiją
nematai nereikia ne akiai skirti įsimylėjėliai gražūs švelnia beprotybe
ne viską žinai blaškos teršia paklodes nieko tokio taip atsisveikina
    ir mirštantis
po to veža atviru dangčiu vežime šliubiniu kostiumu kiek prakirptu
    nugaroj

nothing much

how rain wrestles with wind you see every autumn
you don't see how a rootstalk rises through soil of clay and dung
you don't know where juzika's potatoes start or petrien's rye ends
tall erotic spikes where the path worn through the field ends
and the village cemetery begins several crosses slanted grown-up teeth
overnight the mouth floods in daytime the shoes covered with mud
on sunday in the kazokiškes churchyard you don't dare go inside
    smelly
how tongue wrestles with tongue sharing the host of silence
you don't see lovers pretty in their tender madness no need to it's not
    for eyes
you don't know much they roll around stain sheets
nothing much a dying man bids farewell in the same way
later he is carried on the open hearse in his wedding suit split slightly
    in the back

pasaulis pagal celaną ir einsteiną

pilkšva pelenų fotografija
iš kurios šypsosi moteris vilnius amžiaus pabaiga
vyras lyg sau daug tuščio ploto kampuos
kurie geltonuoja nuo vezuvijaus saulės
nuo pirštų jie grįžta į tą pačią vietą
nes tokia tuštuma pagal celaną
pagal einsteiną ji išsiduobia ir plyšta

the world according to celan and einstein

gray photography of ashes
from which a woman smiles vilnius century's end
a man as if alone plenty of room in corners
that turn yellow from the sun of vesuvius
of fingers they return to the same place
because it is an emptiness according to celan
according to einstein it inflates and splits

iš šventųjų gyvenimo

suderinau balso stygas
dabar net kosulys mažoro tonacijoj
dabar visa ką pagalvoju
dera prie gyvenimo
loginės išvados išmatos
dekalogai stalino trojkės rokenrolo kvadratai
poetai prostitutės
paskutinė šventoji europoj numirė
taip ir neparašiusi knygos
pirmoji numirė
taip ir nepažinusi vyro
kad tokie nusidėjėliai kaip aš
galėtų kosėti mandagiai prisidengę delnu
arba peiliu per visą gamą
per visą gyvenimą
ką pagalvoju dera prie eilėraščio

from the lives of the saints

I've tuned my vocal chords
now even a cough is in a major key
now everything I think about
harmonizes with life
logical inferences feces
decalogues troikas of stalin quadrats of rock 'n' roll
poets prostitutes
the last woman saint in europe died
without writing a book
the first one died
without knowing a man
so that sinners like me
can cough politely covering mouth with palm
or with a knife along the whole gamut
along the whole life
everything I think about harmonizes with the poem

malborough hotel

vėjas kyla tokios ir buvo prognozės
šiukšlės prisikelia jų pažadėtoji žemė
per sprindį nuo imperijos centro
už jūros ūžia baltai
aštrūs prieskoniai ant moters kūno
ji niekieno ir todėl sminga visų akys
dažnas pataiko tik per sprindį
nuo centro apie kurį galvoja dieną naktį
netgi žodžiai praradę taiklumą
teisėjams labiau rūpi poezija
poetams mirties anatomija
netgi pasiuntinys pamiršta sostinėj
išsipagirioti gėda neprisimenu
kuris dievas turėjo lydėti
praeivis klausia iš kur
ir staiga vėjas
laikraščio skiautė pašokus nuo grindinio
smogia į veidą satori ar išsigimimų grandinė
koks skirtumas soho kinų kvartalas
visur esu per sprindį
nuo moters peties nuo
juodo kebo išnyrančio staiga dešinėj
kairiarankis visą gyvenimą tą žino
ir vėjas keičiantis kryptį
kiekvienoj sankryžoj bet kaskart

marlborough hotel

as forecast the wind is rising
litter resurrects its promised land
across a span from the center of the empire
beyond the sea the balts carouse
spices on a woman's body
she is no one's so everyone's eyes indulge
many aim out one span
from the center they think about day and night
even words have lost accuracy
judges are more concerned about poetry
poets about the anatomy of death
even the messenger forgets to sober up
in the capital for shame I forgot
which god had to accompany me
a passerby asks where are you from
and suddenly the wind rises
a scrap of newspaper leaps from the pavement
hits my face satori or the chain of devolution
what's the difference soho chinatown
everywhere I am one span away
from a woman's shoulder from
a black taxi speeding by on the right
a left-hander knows this all his life
and the wind changes direction
at every crossroad but always blows in my face

į veidą vos išsižioju kelio paklausti
ir liežuvis apauga smėliu mirusiom
kopom miražų oazėm po keturiasdešimties
metų išėjęs iš imperijos pakraščio
štai čia priešais veidrodį
viešbuty nebeįstengiu užbaigti
ką esu pradėjęs

I barely open my mouth to ask the way
my tongue is buried in sand in dead
dunes in oases of mirages after forty
years having left the fringes of the empire
here before the mirror
in the hotel I cannot afford to finish
what I have started

auksinis sezonas

kareiviškais batais trypei dievo vynuogynuos
kažkur prie adrijos jūros medanoje prištinoje gal piranoje
geografija tavo silpnoji vieta nuo mokyklos laikų
palaikė milinė išblukus skiramųjų ženklų vietoj pirmapradė
milo spalva romėniškas nuovargis
ar tiesiog nuobodis imperijos pakrašty
ant lopų purvo ir kraujo krešuliai per naktis tiek laiko buvo
mąstyti apie gyvenimo galimybes kitus gyvenimus dar čia
apie moterį apie daug jaunų moterų
įkalintų tavo sapnų mansardose dvelkiant
pietryčių vėjui kuris kasryt atneša jasono laivų dūženas
aistringų vyrų prakaitą gražiausios moters miražą
kiek jų buvo kiekvienas skenduolis sakytų tiesą
bet gyvieji vis bijo suklysti
vis klysta ir leidžias prirakinami prie irklų
prie stiebo dainuojančios moterys vynuogynuos
iš kurio amžiaus
istorija tavo silpnoji vieta
tik erekcija slepiama po skydu išduoda
tavo klajoklišką sielą negailestingą
troškimą žudyti netgi dabar amžiaus pabaigoje
išblukusios architektūros fone kur nukarusios
virvės nuo skalbinių

golden season

wearing army boots you clumped through the vineyards of god
somewhere on the adriatic in medana or priština maybe piran
since school days geography has been your blind spot
your worn overcoat faded by weather shows its original color
where your insignias were roman fatigue
or just the tedium at the fringes of the empire
patches stained with dirt and blood in the nights there was time enough
to think about possibilities of life about other lives here
about a woman about many women
imprisoned in attics of your dreams while the south wind
every morning blows in wreckage of jason's ships
sweat of impassioned men the mirage of the most beautiful woman
every drowned man would tell the truth about how many women he'd had
but the living don't dare make a mistake
they make mistakes and let themselves be chained to oars
to the mast women singing in the vineyards
which century from
history is your blind spot
only the erection you hide behind a shield
betrays your nomadic soul your merciless
hunger for blood even now at the end of the century
against a background of faded architecture
where clotheslines barely hold flapping laundry

nesi abejingas mirčiai gal tik pigus vynas
tik turistinės agentūros kelialapis džinsų kišenėj
nusmailinęs žvilgsnį į vynuogių pardavėjos šlaunis
užuodi puikiuosius elenos kvepalus

you are not indifferent to death maybe just a cheap wine
just a ticket from a travel agency in the pocket of your jeans
fixing your eyes on the thighs of the girl selling grapes
you smell the delicious scents of helen

ekologijos klausimu

sutriko mano ekologinė pusiausvyra
šiltėja klimatas dažniausiai drungnos dienos
ir vėsios naktys bet to pakanka
tirpsta ledynai hegelio kanto lenino viršūkalnėse
plika akim nepastebėsi kai vasarą išsiruoši į kalnus
viršūnės snieguotos uolos kaip uolos
viskas savo vietose yra ergo yra
žemupy jau irgi rodos ženklai
dažniau patvinsta upė užkemša atminties pratakus
užlieja laukus nei tako nei pievos
braidau iki kelių vyšnių šakos iš gojiškio
gazuoto vandens aparatas obuoliai iš dalvevkos sodo
mumijo iš altajaus pirmasis prezervatyvas
tušti alaus buteliai pasroviui
atpažįstu be jokio pažinimo džiaugsmo
plaukia pro šalį nei gaila nei ką
vis dažniau patiriu šiltnamio efektą
niekur nenoriu išeiti
nyksta retųjų gyvūnų populiacijos
daug žūsta nematomų kasdienybėje rūšių
žodžių virpesių bučinių laiškų
ten kur driekės neįžengiamos girios
pilnos prasmių ir paslapčių
plinta lakaus vaizduotės smėlio dykumos
verias kaulėtas reljefas

on the question of ecology

my ecological balance has been disturbed
the climate is warming days grow tepid
and nights cool but it's enough
the glaciers on the peaks of hegel kant lenin are melting
you can't see it with the naked eye when you set out for mountains
snow-covered peaks rocks look like rocks
everything in its place riots ergo rots
at the lower reaches landmarks appear
more and more often the river floods chokes the surges of memory
drowns fields leaving neither path nor meadow
I wade to my knees cherry branches from gojiškis
a soda fountain apples from the dalvevka's orchard
medicinals from the altaj the first condom
empty beer bottles float by
without any joy of cognition
they scud by no regret
more often I feel the greenhouse effect
don't want to go out
endangered clades are disappearing
species hidden within daily life are dying
words tremblings kisses letters
there where virgin forests had stood
full of meanings and mysteries
deserts of shifting sands of imagination appear
a bony conformation opens slowly

o žemaūgiai aistrų krūmokšniai
užauga sapnus sutriko mano pusiausvyra
viena koja spardo tuštumą
kita ieško žemės

and a low scrub of passions
grows over my dreams my balance has been disturbed
one leg is kicking the air
the other feeling for the ground

iš mokyklos programos

veronika galėjo būti mano motina
būčiau parvažiavęs į vilnių
pilve po drobiniais marškiniais
ar jau ryšulėly krūtim žindomas
kalvarijų gatvėj pas vienišą tetą
paaugčiau eičiau mokyklon
lupamas bernų šluostyčiaus nosį
rankove šnypšdamas sugrįš mano tėvas
iš sibiro koks jų reikalas iš kur
namuose vyriškus darbus dirbčiau
anglį neščiau iš sukrypusio sandėlio
vandenį iš kolonėlės kieme persikreipęs
artipilnį kibirą prieš užmigdamas
svajočiau tapti rašytoju
perrašyčiau visus
ypač tą vienuolį
iš mokyklos programos

from the school curriculum

veronica could have been my mother
I'd have returned to vilnius
in her belly under a smock
or in a bundle sucking her breast
on kalvarijų street with a lonely aunt
I would grow I would go to school
beaten up by bullies I'd wipe my nose
with my sleeve hissing my father will return
from siberia none of their business where from
at home I'd do the man's chores
bring coal from a sagging shed
water from a pump in the yard bent-backed
pail nearly full before going to sleep
I would dream of becoming a writer
rewriting them all
especially that vienuolis
from the school curriculum

* Vienuolis, a Lithuanian author, wrote a story set near the beginning of the
twentieth century, in which a Lithuanian girl becomes pregnant, is scorned by the
village, and drowns herself.

iš gyvenimo šnipiškėse

metai prasti kaime iškasėm bulvių
beveik tiek kiek sodinom gal net
tas pačias pavasarį plieskė saulė
per visą vasarą neužmigo septyni broliai
maižiojo ant kiekvieno kampo
pratūnojom atostogas prie televizoriaus
kol nusileidau šiandien į rūsį tų bulvių
blusom apėjau dabar sėdžiu virtuvėj
traiškau nagu vieną po kitos vis išslysta
šarvuotos kaip romos legionieriai
nedavė dievas joms proto
nuogas instinktas pora triukų
verčiantis per galvą pagal
darvino teoriją turėjo išnykti
dabar nyksta mano tikėjimas civilizacija
kiek suvalgau tų bulvių
galėčiau apsieiti kokį maišelį
nusipirkt parduotuvėj dažnai
pamirštu šiandien priminė
niežulys netikėtai užklupęs
vidury dienos
ir kelnių nenusimausi

from life in šnipiškės

the year has been stingy in the village we dug up potatoes
hardly more than we planted maybe even
the same ones in spring the sun glared
all summer the seven brothers never fell asleep
pissed in every corner
we stared dog-tired at the tv all vacation
when I went down to the cellar for those potatoes
I got layered in lice now in the kitchen
I kill them with a fingernail one by one they keep escaping
armored like roman soldiers
god did not grant them reason
but pure instinct a couple of tricks
turning upside down according
to darwin they should go extinct
now my belief in civilization dies off
I eat so few potatoes
I could survive without them could buy a sack of them
in a shop I often forget
today I was reminded
by an itch that caught me off guard
in the middle of the day
and you can't take off your pants

ir tikras nesi gal vaizduotė kalta
perdėtas jautrumas kūno gyvenimui
gal nieko ten ir nėra
ilgai galvojau ar gyvenimo šnipiškėse
pakanka geram eilėraščiui

and you're not sure maybe this is a flaw of the imagination
an exaggerated sensitivity to the life of the body
maybe in your pants there is no one at all
I pondered a long time whether life in šnipiškės
is enough for a good poem

* Šnipiškės is a district in Vilnius.

zmarl w roku (toliau neįskaitoma)

ežys su šeimyna po obelim saldžiarūgščiai grapšteinai
kaip seniai buvo kad tik neužmirščiau tako
į malūno griuvėsius kalne už ganyklos
per karvašūdžius ir avių spiras kad tik neužmirščiau
kaip gyvena po mirties senoji sidabrų motina
prieklėty po vežėčiom maža bažnyčia
žemas dangus po pirmųjų šalnų
tolstu traukiuos į horizonto siūlę
su lietaus vandenim į debesį pabėga nuo manęs
siūlo galas pro koplyčios akį veriu vaikystę
be nopersko taip sakydavo kaime
napiarstek lenkiškai svetimais žodžiais lopydavo skyles
antkapiuos kalinėdavo urodzil się w roku
i zmarl mes skaitom pirštais po kerpėm
nieko nesuprantam pienburniai
vištų plunksnom apsikarstę iš lazdyno
pasidirbtais lankais taikom į mirusius
po to popiečio miegas po to žiemos ir vasaros
ir nebežinau kuris iš mūsų mato ežį su šeimyna
tarp saldžiarūgčių grapšteinų

zmarl w roku (after this indecipherable)

a hedgehog with its family under an apple tree bittersweet granny smiths
how long ago it was just not to forget the path
to the ruined windmill on the hill behind the pasture
over cowshit and sheepshit just not to forget
how the silver-haired mother of sidabrai is living after death
under the wagon in front of the barn a small church
a low sky after first frost
I grow distant receding into a seam of the horizon
with rainwater the end of the thread eludes me
childhood threaded through the eye of the chapel
be nopersko – without a thimble – as they said in the village
napiarstek in polish alien words darning holes
chiseled on tombstones *urodził się w roku*
i zmarł under the moss we read with our fingertips
understand nothing
boys wearing hens' feathers
with nutwood bows aiming at the dead
later an afternoon nap later winters and summers
and I no longer know which of us sees the hedgehog with its family
among the bittersweet granny smiths

trys kapeikos

suspaudžia į kumštį tris kapeikas
ir tekinom į gatvę už kirpyklos
kur aprūdijęs gazuoto vandens automatas
jau vyresnis polubokso šukuosena
ginkluotas iki ausų
ant kelių visa vasaros anatomija
jau žino gers pusę stiklinės
daugiau sirupo mažiau vandens
po to vėl grįš į karą

negrįžo kažkaip pasiklydo
gal sutemos gal pasikeitė laikai
ėmė augti mano vaizduotėj
ištįso nebetelpa į batus
į veidrodžio rėmus
prasikalė ūsai eilėraščius rašo
kalbos pašauktinis vis taikliau
pataiko į bėgantį žmogų
prištinoj grozne dzeržinskio kieme

nieko nesupranta karas nesibaigia
iš vaizduotės ištrūko ir plečias
kaip kraujo dėmė po tvarsčiu
nesupranta kodėl skauda
mano vaizduotėj amputuota
vaikystė atminties strampas
spaudžia kumštin tris kapeikas

three kopecks

clutches three kopecks in his fist
runs to the alley behind the barbershop
to the rusted soda fountain
already older pageboy haircut
armed to his ears
on its knees the whole anatomy of summer
knows already to drink half the glass
more syrup less water
then return to war

did not return got lost somehow
maybe dusk maybe the times changed
started growing in my imagination
shot up no longer fit in his shoes
within the mirror frame
mustache sprouted
a trainer of language more precisely aimed
it hits a running man
in priština grozny the courtyard of dzerzhinsky

understands nothing the war isn't ending
escaped from the imagination it spreads
like blood under a bandage
he doesn't understand why it aches
in my imagination the amputated
childhood the stump of memory
clutching three kopecks in its fist

baltas kuilys juodomis vagomis

nieko tokio tiks ir kuilys nukryžiuotas prieš spalines
stumiam iš tvarto sukibę rankom ir kojom
kriokia iš laisvės nuo vienos stacijos ligi kitos
nuo alfredo prie raimondo nuo tėvo
ligi kaimyno narkevičiaus vėliau po dešimties metų
pasimovusio ant grėbalkos strypo
tik mano kojos atsiriša smunka kuilys pro plyšį
ten kur šviesiau lekia žviegdamas per išvirtusią dirvą
būtų breigelio džiaugsmas baltas kuilys juodomis vagomis
penki vyrai įraudusiom ausim ir nosim paknopstom
dievo medžiokliai leisdami garą per burnas
mostaguodami rankom tokie juokingi
bet jie nesijuokia brolis už trobos užsispaudęs
penkiametis vilnonėm pirštinėm iš baimės
spaudžia kumsčius lig baltumo nors jų nesimato
ir jis telpa į paveikslą pačiame kampe
galbūt svarbiausias kompozicijos elementas
tik sunkūs lapkričio debesys lipa iš rėmų
priartindami dvidešimto amžiaus meną prie gyvenimo
nieko tokio tiks ir palimpsestas
pro kurį prasimuša mirties kvapas
viduriuojančio gyvulio agonas rudens tyloje
netgi dabar po trisdešimties metų
nieko tokio tiks ir sena iliustracija
kuilio mirties ir neprisikėlimo šventei

white boar in black furrows

nothing much the boar crucified before the october feasts will do
we drive him from the stall hand in hand leg to leg
he bellows of freedom from one station to another
from alfredas to raimondas from father
to neighbor narkevičius who ten years later
was pierced by a tine of the thresher
only my legs weaken the boar slips through the gap
where there is more light runs squealing
over the rich soil breughel would love to till
white boar in black furrows
five men with red ears and noses hurrying
hunters of god breath steaming
waving their arms very funny
but not having fun brother huddled behind the house
five-year-old with woolen gloves fearful
fists squeezed white though they are hidden
and he fits into the picture in the very corner
maybe the most important element of the composition
only heavy november clouds rise out of the frame
drawing twentieth-century art closer to life
nothing much a palimpsest will do
in which the smell of death surfaces
agon of the gutted animal in the silence of autumn
even now after thirty years
nothing much the old illustration will do
for the feast of the death and non-resurrection of the boar

iš traukinio istorijos

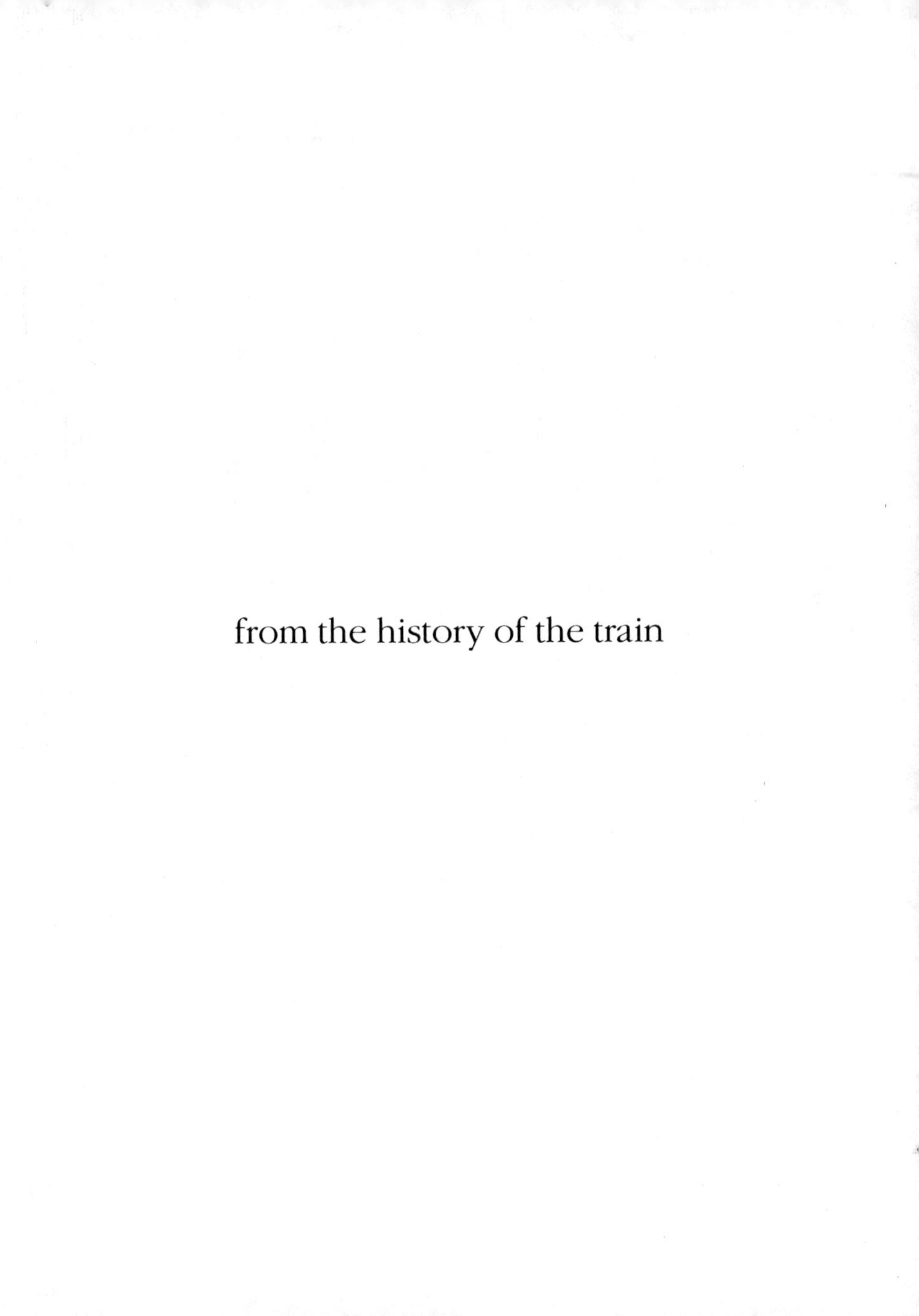

from the history of the train

1.

**josė saramago žodžiais portugalai turi naujų teritorijų
užkariavimo patirtį**

*Ir mes būnam užkariavę pasaulį prieš atsikeldami iš lovos;
Bet atsibundame – ir jis jau neperžvelgiamas,
Atsikeliame – jo nebėra*

– Fernando Pessoa

sveikas fernando šis rytas toks kaip visi
po užuolaida vėjas plikos viešbučio sienos
vamzdžiais šniokščia akveduko atneštas
kalnų vanduo abu tylim apie tą patį
tavo amžiaus pradžia mano pabaiga
europos pakrašty boco do inferno kur nutrūksta
geležinkelio linija ir eilėraščio eilutė
nedaug ir manęs esančio čia
kritinė turisto masė kurios užtenka
vienam eilėraščio sprogimui
galiu gerti žalią vyną iš bačkos *rūkyti tol
kol leis likimas je ne suis personne*
ir tai mane džiugina fotografuoju
atminties negatyvuos retušuodamas miestą
barbarų palikuonis ilgais vėjo plaikstomais
plaukais užkariaujantis europą
seku akimis dūmus tarsi jie būtų mano kelio ženklai

1.

**in the words of josé saramago the portuguese have
experience conquering new lands**

> *We have conquered the world before we even get out of bed,*
> *but when we awaken that world is unknowable.*
> *We rise and it is gone.*
>
> – Fernando Pessoa

good morning fernando this morning seems like all the rest
beneath billowing curtains lie naked hotel room walls
pipes gurgle with mountain water brought
down by aqueducts
we are both silent about the same thing
the beginning of your age and the end of mine
on the edge of europe *boco do inferno* where
the railroad line ends and the poem's line breaks
there is not much of me here
only the critical mass of tourist tracts
enough to pop one poem into existence
I can drink spring wine from a barrel *smoke as long*
as fate allows je ne suis personne
and that makes me glad I take photographs
organizing the negatives of the city in my memory
the descendant of barbarians with his long hair
blowing in the wind is ready to conquer europe
I follow wafts of smoke with my eyes as though they marked my way

2.
**sėdėjau vidudienį su bičiuliu don kichotu kavinėj ir
gurkšnojau cheresą**

imperijų sostinės dažniausiai kvepia prieskoniais
lauro lapai juodieji pipirai bergamotas
vidury aikštės iš liūto nasrų plūsta krištolinis vanduo
architektūroje dar išskaitomas
išdidžios vienatvės ir nuobodžio palimpsestas
karštis siestos metas cheresas pažadina
vaizduotę: mergaitės veide pirmieji geismo ženklai
jau žinau kuo tai baigsis
pasiversiu buliumi ir išsinešiu ją į kuršių marias
toreodoro dukra mano eilėraščių motina
gimdys tautą po tautos mano kraujas
tekės vyslos ir nemuno venomis
daug visko nutiks mano gyvenime
bus karų ir marų išduosiu ir būsiu išduotas
vaikščiosiu po miestus suplyšusiom kojinėm
lankysiu savo žentus po visą europą
merus valstybių galvas gatvių mergas
visko bus bet žinau kad baigsis gerai
taip baigiasi visos kelionės po morfijaus žemę

2.

**in the middle of the afternoon I sat in the don quixote café and
sampled sherry**

the capitals of empires all smell of spices bay leaves black pepper
    bergamot
in the middle of the square crystal water pours forth from the lions'
    jaws
in the architecture I read proud loneliness overcome with boredom and
the heat of the siesta the sherry awakens my imagination
I see the first signs of desire in a girl's face
I already know how it will all end
I will metamorphose into a bull and
I will carry her away to courland lagoon the daughter of toreadors
and the mother of my poems
she will bear nation upon nation and my blood will flow in the veins
of the vysla and the nemunas
a lot will happen in my lifetime
there will be wars and there will be famine
I will betray others and be betrayed
I will stroll through cities in undarned socks
I will visit my sons-in-law all over europe
mayors heads of state street girls
a lot will happen but I know it will end well
like all journeys do in the land of morpheus

3.
marché de la poésie

parduočiau eilėraštį su visom atsarginėm dalim
mažai padėvėta seniausia europos kalba
autoriaus švarkas iš second hand
pilnomis kišenėmis tabako trupinių
kad ir pusvelčiui kad ir už butelį raudono
iš bordo apylinkių galėčiau nukabinti kojas
ant senos kranto su žvejais spoksočiau į ribuliuojantį
vandenį vanduo kaip vanduo visoj europoj
kiek drumstas atspindžio dugne nematai
tik raukšles bangeles kai pro šalį prašniokščia
gyvenimo džiaugsmu trykštantis garlaivis
nežinau kainos gal turėčiau primokėti
kaip tai juodaodei iš san deni
už vaizduotės gašlumą
turgaus aikštėj deruos dėl kiekvieno
žodžio balandžiai burkuoja drąsiai nardo
tarp prekystalių išnešiodami palmių šakeles
viena ir man darau viską kad tik nereikėtų
rašyti maitinu balandžius važiuoju traukiniu
su kiekviena diena sekas vis geriau
parduočiau paskutinį eilėraštį su visom
atsarginėm dalim ir atgal į miškus

3.
marché de la poésie

I'd sell my poem with all its spare parts
slightly worn in europe's oldest language
the poet's jacket is from a secondhand shop
and his pockets are filled with bits of tobacco
I'd sell it cheap even for a bottle of red
from the bordeaux region then I could hook my legs
over the edge of the seine and together with the fishermen
stare into the rippling water
water is water all over europe
somewhat murky you can't see your reflection on the bottom
just wrinkled wavelets when a steamboat
bubbling with the joy of life motors past
I don't know what price I'd ask
maybe I should toss in a tip myself
as I would for a woman from san demi
for the lushness of her imagination
in the market square I barter for every word
pigeons brazenly dive between the stands
carrying off palm leaves one of mine
I do everything so that I will not have to write
I feed the pigeons I ride the trains
everyday I do better I'd sell my last poem
with all its spare parts
and head back for the woods

4.

seeing is believing

turėčiau parašyti laišką bent atvirutę išsiųsti
su gražiausios europos aikštės atvaizdu:
gėlių mozaika kurią naktį trypia girtų futbolo sirgalių
ordos ryte stiklo šukės kraujo pėdsakas
nutrūkstantis prie dioniso mėgstamos užeigos
ir aš taip norėčiau būti laužyti dievo kūną
priimti beprotybės komuniją šokti šaukti
neišeina todėl fotografuoju
architektūros detales vitražus kolonas
myžantį berniuką iš bronzos tikėdamas
kada nors pravers
kada nors sudėliosiu europos pasjansą
taip kad neliktų nė vienos kortos
šiaip čia tylu pats ciklono vidurys
belgai ramūs kaip belgai muziejai
dirba iki išnaktų turėčiau užeiti
turėčiau nupirkti ką nors lauktuvėms
neiškentęs spjaunu sakau mesk šituos niekus
eugenijau ir taip neturi kur dėti savo
sapnų suvenyrų istorijų kelkis ir eik
europos šudra iš vieno miesto į kitą
eik ir žiūrėk kaip mirtis vis gražesniais veidais
maitina krūtim gyvenimo džiaugsmą
kada nors pravers

4.

seeing is believing

I really should write a letter or at least a postcard
with an image of one of europe's most beautiful squares:
a horde of drunk soccer fans trample a mosaic of flowers one night
in the morning shards of glass and
bloody footsteps break off by
dionysus's favorite pub
and I want to be like that
break the body of christ
accept the communion of insanity dance and shout
it doesn't work therefore I photograph architectural details
stained-glass windows columns
a small bronze boy peeing thinking
someday this might be useful
someday I'll play europe's solitaire
so that not even one card will be left
otherwise it is quiet here in the very center of the cyclone
the belgians are as calm as belgians
the museums are open until late at night I should visit one
I should buy a souvenir something
I can't stand it anymore I spit and I say
to myself forget all this nonsense
eugenijus as it is you have nowhere to put
all your histories dreams souvenirs get up and go
you european untouchable from one city to the next
go and see how death with an ever prettier face
nurses the joy of life
someday it might be useful

5.

**kaip žinia tobulėjant susisiekimo priemonėms daugėja
mirties atvejų**

taip tau ir reikia anonime eugenijau
pagalvoju numiręs joninių naktį
kažkur anapus kordono
šeratono kapinėse šešių žvaigždučių karste
pabundu išgirdęs garvežio ūksmą
vagonų slankstelius pratampo nevaldomas rąžulys
po to švelnus atminties masažas
pradedu mąstyti kūnu
versdamasis į kitą gyvenimo pusę
žilas plaukas suglamžytas skruostas
savaiminė erekcija galvoju kodėl europoj
nebemėgsta rimų
trečią klasę pabaigus senolė rašydavo
laiškus amerikon galvoju
kodėl rašau eilėrasčius lietuvon
vartausi po anonimine antklode
su visos europos anoniminėm moterim
galvoju taip tau ir reikia
žinosi iš kur dygsta ratų bilsmas
pabėgių cypimas kibirkštys ir dantų griežimas
šešių žvaigždučių poete

5.

**it is well known that as mass transit grows more efficient
there are more incidents of death**

that's just what you needed eugenijus an anonym
I think as I die the night of the feast of saint john
somewhere on the other side of the cordon
in the sheraton cemetery in a six star coffin
I am awakened by the steam whistle of the engine
the vertebrae of cabins are wracked by an uncontrollable stretch
followed by a gentle memory massage
I start to think with my body
turning over onto the other side of my life
a gray hair a wrinkled cheek
a spontaneous erection I think why
don't they like rhyme in europe
my grandmother having finished only three grades wrote letters to
    america
why am I writing letters to lithuania
I toss and turn beneath an anonymous blanket
with all the anonymous women of europe
I think that's what you deserve
now you'll know where the sound of wheels on tracks comes from
the squeaking sparks and the gnashing of teeth
a six star poet

6.
braingame

Anksčiau ateitis būdavo geresnė
Karl Valentin
(iš stendo Hanoverio mugėje 2000)

laimėti vis sunkiau turiu atsipalaiduoti
sėdėti kaip li bo palenkęs kojas
nieko negalvoti nieko nežudyti nieko nemylėti
pergalė ateina savaime lėtai rieda rutulys
į dangaus vartus lėtai atsimerkiu mano ateitis
jau čia pavydžiu tau botičeli tavo venera
laimėjo mis graikijos rinkimus ir tapo monroe
prosene pavydžiu ir tau imanueli kantai
tavo grynojo proto formos tokios pat tobulos
kaip madonos krūtinė pavydžiu ir tau einsteinai
džiaugsmo laimėti pralaimint mylėti neapkenčiant
ir tau adorno sulaukusiam ateities po holokausto
ir tau tėve išmiegojai saldžiai jaunystę kolos
sniegynuos prišalusiais plaukais
mano ateitis jau čia eilėraščio halograma
vakarėjančiam birželio peizaže
kūnas ritmingai juda kaip mylintis
kaip važiuojant traukiniu lėtai vis greičiau
nieko negalvoti pergalė čia pat

6.
braingame

Before the future was better
Karl Valentine
(from a display at the Hanover Fair 2000)

it is getting harder and harder to win I've got to relax
sit like li po with my legs bent under me
not think anything not kill anything not love anything
victory comes naturally the ball rolls slowly
into the gates of heaven I open my eyes gradually my future
is already here botticelli I am jealous your venus
won the miss greece contest and became monroe's great
    grandmother
I'm jealous of you too immanuel kant
the formulas of your pure mind are as perfect
as madonna's breasts I am jealous of you too einstein
winning happiness as you lose loving in hatred
and you adorno having earned yourself a future after the holocaust
and you father for having slept soundly in your youth
with your hair frozen in the blizzards of kola
my future is here already in the poem's hologram
in the evening june landscape
my body moves rhythmically as though making love
like riding the train slowing down then speeding up
do not think anything victory is near

7.

**ne paslaptis kad turiu bičiulių rygoj parašau kartais kokį
laišką o išsiųst pamirštu taip ir šįkart**

*Latvijos laikas
kelintą tai buvo
ir kiek gi užtruko
ar nenusibodo*
Uldis Berzinis

rašau tau peteri miško žmogau
važiavau pro šalį per rygą
ilgai kratėmės bėgių sandūros mažais
plaktukais kalė per momenėlį
sustojom tiksliai latvijos laiku
nuo juodo balzamo į kitą pusę
persukta galva nuriedėjau vecrigos grindiniu
nebe rieduliai nebe
išmynė latviai savo laiką grindinys šviečias
kitoj pusėj matos kaip čiurlena šnapsės upelis
susėsim mes su tavim ten po tūkstančio metų
oi kaip susėsim ir alumi neužsigersim
visus sutikau ir uldį ir knutą ir leoną
tik tavęs ne užtat mačiau tavo bažnyčia
dar stovi ir gaidys raudona skiautere
plunksnas šiaušia prieš vėją nuo dauguvos
per visą europą beldžiaus kad tave aplankyčiau

7.

**it's no secret that I have good friends in latvia sometimes I
write them letters but I always forget to mail them like this
time**

> *Latvia's time*
> *whichever one it was*
> *and however long it took*
> *and aren't you tired of it*
> Uldis Berzin

I wrote to you peter man of the forest
just as I passed the edge of riga
we rattled past for quite a while and the junctions
hammered with small hammers through the fontanelle
we stopped precisely on latvian time
from the black balsam to the other side
with a twisted head I tumbled down vecriga's cobblestone
no more boulders no more
the latvians wore down their own time the cobblestone is
　　transparent
on the other side you can see how the šnaps brook bubbles
we'll get together there in a thousand years
oh how we'll sit and not get enough of the beer
I saw everyone uldis and knut and leonis
only I didn't see you but for all that I saw your church
was still standing and the rooster with the red comb

su bičiuliais norėjau supažindint
tokie alešas jacekas tomekas
tokie pat pirdžiai kaip ir tu
tik leišių kalbos nemoka
tiek jau tos kitą kartą
gal ten prie šnapsės upelio kokį vakarą
latvijos ar europos laiku
bet tada jau turėsime vieną laiką manding

bristled its feathers against the wind from dauguva
I've been knocking around all of europe just
so that I could visit you
I wanted to introduce you to my friends
to alex jacek tomek
bums like you
only they don't speak lithuanian
so much for that another time
maybe we'll meet some evening beside the šnaps river
in latvian time or european time
and we'd have some time I would think

8.
hell hunt

I love you jėzus kristus
sako rusė senutė man
aleksandro nevskio cerkvės prieangy
ir tiesia ranką aiškiai apsipažino
myliu ir aš tave ir laiminu deja nedaug
manyje tos galios neturiu kišenėje
estiškų kronų ką tu veiksi su pesetais
zlotais ar litais seniai keliauju
apaugau barzda ir plaukais pasitinka mane
stotyse su gyvom gėlėm pučiamųjų orkestrais
misterijom iš dvidešimtojo amžiaus gyvenimo
turėčiau kažką pasakyti neturiu ką
todėl dažniausiai murmu panosėj eilėraščius
ištiesęs ranką
dažniausiai apsipažįstu

* kavinė Taline

8.

hell hunt

I love you jesus christ
a little old russian lady says to me
in the nave of the aleksander nevsky church
and extends her hand to me clearly she has mistaken me for
    someone else
I love you too and I bless you only
I don't have too much of that sort of power in my pocket
I don't have estonian crowns what would you do with pesos
zloty or lits I've been traveling for a long time
I've grown a beard and long hair they greet me
in the train stations with bouquets and marching bands
miracles from twentieth century life
I should say something only I have nothing to say
therefore I usually mumble poems under my breath
with my hand extended
most of the time I mistake someone for someone else

* Hell Hunt is a café in Tallinn.

9.
langas į europą

zavtra na rabotu... ech, nie perežyvaite, ješčio možno
nakalbasiťsia, poveseliťsia
iš sekmadieninės Peterburgo radijo laidos

štai ir prasideda platybės neaprėpiamos erdvės
kur net mirtis su mirtim per kalnus nesusieina
kaip jos sutilpo į mandelštamo rimą gal ir ne visai
dar kyšo necenzūriniai žodžiai
indoeuropietiškos galūnės
melodinis kirtis už rešotų grotų
laikas sustojo laikrodis tiksi toliau
taisyklinga miesto geometrija
tau svetima bičiuli sergejau
neprigyji vienatvės kvadratuos
ir aš vėluoju į visus įmanomus traukinius
nerandu išėjimo iš viešbučio labirinto
suku ir suku ratais vėl kaip vaikystėj
skaičiuoju iki dešimties ir atsimerkiu
ausyse švilpia vėjas nuo nevos
tavo miestas lukštas po lukšto nuogėja
suplyšę stogai todėl ir poezijos reikia daugiau
ir meilės net ir tos kurią matuoja valandom
gražiausios europoje nevskio mergaitės

9.
window to europe

Tomorrow it's back to work… well, don't worry,
we still have time to pig out and party
(from a Sunday Saint Petersburg radio show)

and so here the wide expanses of land begin
even death does meet death in the mountains
how did it ever all fit into mandelstam's rhymes or maybe it didn't
a few uncensored words peek out
indo-european noun-endings
a melodic accent behind rešotų prison camp bars
time stopped but the watch continues ticking
the precise geometry of the city
is foreign to you my friend sergei
cannot get used to the loneliness of squares
and I am late to every conceivable train
I cannot find my way out of the hotel's labyrinth
I turn and turn in circles again like when I was a child
I count to ten and open my eyes
the wind from the neva whistles in my ears
your city grows naked peel after peel
the roofs are torn apart and that's why you need more poetry
and love even the kind that is measured by the hour
by the most beautiful girls of the neva

dar baltosios naktys matos gerai
smailios krūtys kupolų kryžiai ledų vežimėliai
sekmadienio naktis sergejau dar turim laiko

the white nights make vision perfect one can see
spiky breasts the cupolas' crosses ice carts
it's a sunday night sergei we still have time

10.
europos šmėkla

rašytojas – neišsipildęs tironas
Viktoras Krivulinas

keičiasi klimatas išvaizda vėjas pro traukinio langus
sumaišo kortas pašiaušia plaukus suvelia barzdą
stoty esu jau ir visas rasputinas
vienas moteris išrengiu kitas matau kiaurai
nusispjaut man į mano europietišką kilmę
akytas oras prisigėręs įsiūčio ir aistros
atiduočiau visą šiaurės europą
už vieną pasiautėjimą rosijos viešbuty
arba priemiesčio landynėj su geriausiais rusų poetais
keistai žiūri praeiviai į mane
gal ne tas amžius gal niekas neberašo krauju
gal tik perka ir parduoda vakarais žiūri televizorių
pagiriom negeria vandens iš alavinių puodelių
gal ne tas aš gal traukiniui lekiant
protas nebespėja paskui kūną
gal pats kūnas ėmė mąstyti
tiek metų nugyvenai eugenijau
ir še tau pametei protą
klaidžioja dabar po europą kaip šmėkla

10.
europe's ghost

the writer is an unfulfilled tyrant
Viktor Krivulin

the climate changes my appearance
the wind rushing through the train window
scrambles the cards tousles my hair tangles my beard
at the station I look like rasputin
I undress some of the women with my eyes the others I see
    through
I couldn't care less about my european roots
the damp air is filled with anger and passion
I'd give up all of northern europe
for one wild night in the rosiya hotel
or at a dive in the suburbs with the best russian poets
passers-by give me strange looks
maybe it is the wrong era maybe no one writes in blood anymore
maybe they just buy and sell in the evenings they watch television
hung-over they don't drink water from tin cups
maybe it's the wrong era maybe my brain
cannot keep up with the speeding train
maybe the body itself began to reason
you've lived all these years eugenijus
and look you've lost your brain
it's roaming around europe now like a ghost

11.

pasiklydau mieste ir visų klausinėjau kelio

klausiau vyro prie septynių penktadienių užeigos
ar čia yra dugnas
yra sakė čia ir yra dugnas su daugeliu dugnų
eik tiesiai žiūrėk po kojom
kirtęs požeminę perėją nesistebeilyk į saulę
tavo dugnas keliauja su tavimi
klausiau moters su vilnone skara
ar čia yra sienos
yra sakė čia ir yra siena už sienos
matai šiuos tylius žmones
iš tiesų jų balsus gali išgirsti
priglaudęs ausį prie bėgio
ar klausydamas krosnies ūžesio
tavo sienos keliauja su tavimi
klausiau vaiko ant dviračio nubrozdintu keliu
ar yra čia pradžia pabaiga
ne nėra sakė visa kas prasideda
čia niekad nesibaigia
kas turi pabaigą nėra prasidėję
atsakymai yra klausimai
klausimų neturi būti per daug
todėl nesistenk visko sužinoti iškart

11.

I got lost in the city and asked everyone I met the way

I asked the man by the seven fridays café
if the bottom was here
it is here he said and there is a bottom with many bottoms
go straight and watch what's under your feet
when you cross the underground crosswalk don't glance at the sun
your bottom travels with you
I asked a woman with a wool scarf
if the walls were here
they are here and there is a wall beyond the wall
do you see these quiet people
really you could hear their voices
if you were to press your ear to the tracks
or if you were to listen to the woodstove crackling
your walls travel with you
I asked a child on a bicycle with a scraped knee
is the beginning and the end here
no it is not he said everything that begins
here never ends
whatever has an end is not yet begun
answers are questions
there shouldn't be too many questions
therefore don't try to find out everything at once

12.

keliaudamas renku žemėlapius o grįžęs nežinau ką su jais daryti

tiek ir radau ryte pabudęs
vienkartinis muiliukas ištrupėję šukų dantys
atklydus eilutė iš tomaszo eilėraščio
tikriausiai įvyko kažkas ko nežinom
tikriausiai įvyko bet kas dabar pasakys

12.

**during my travels I collect maps but when I return home I
no longer know what to do with them**

After you've burned all your maps legend remains
Robert Morawski

this is all I found when I woke in the morning
a package of hotel soap and the broken teeth of a comb
and a line that had escaped from tomasz's poem
probably something that we don't know about happened
probably it happened but who could now say

pagal celsijų nulis

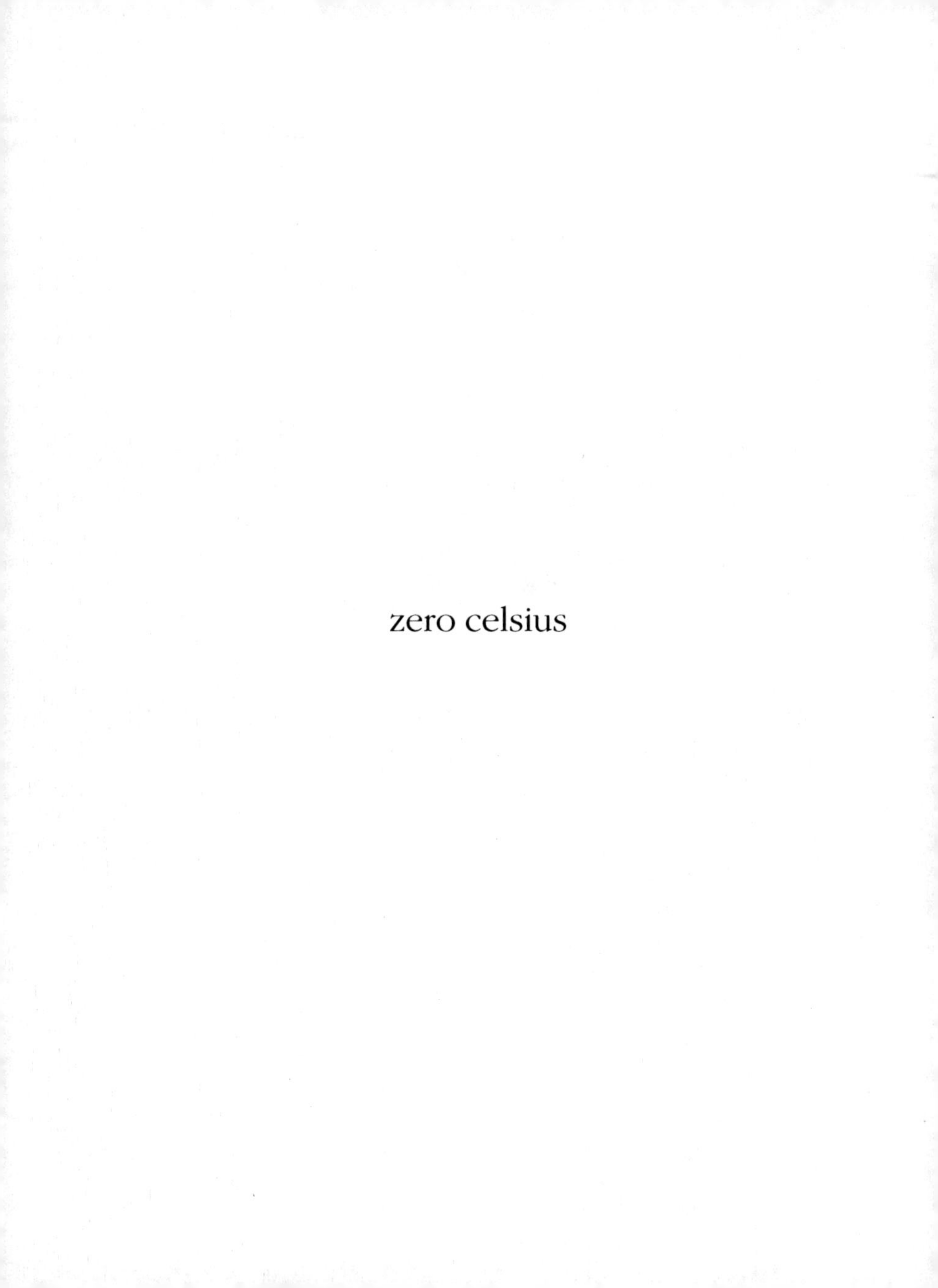
zero celsius

pagal celsijų nulis

šiaurėja vėjas temperatūra svyruoja apie nulį pagal celsijų pučia
per atvėpusius batus per kojinių lopus krūminius dantis gelia vos
išsižioji susičiaupi ima gelti ausis tarpukojį žaizdą kairiam šone
kurios seniai nebėra toks blyškus kreivom siūlėm randas gulėjau
subliuškusiu plaučiu baltas kaip sniegas iš kurio kėliaus sąmonę
atgavęs nieko nepažindamas iki šiol nepažįstu netyčia sugrįžęs iš
gražesnio rodės tada pasaulio kur ir balta yra balčiau per skylę
tokių danguje daugiausia kiekvienam po vieną paprastai jos
matos kai šąla aureolė aplinkui mėnulį tiek baltos spalvos net
naktį sniege gulint gelia skyles per kurią išvarvėsiu išsižiojęs
žodžiais užsičiaupęs šlakais prakaitu sėkla šiaurėja vėjas pagal
celsijų nulis

zero celsius

*the wind turns north the temperature drops to zero celsius it blows
through worn shoes through patched socks molars ache when you
open your mouth your lips when you press them ache your ears
your crotch the wound on your left side long healed now a pale
scar seamed from crooked stitches I fell with a collapsed lung white
as snow from which I rose when I recovered consciousness not
recognizing anyone I still recognize no one returning by accident
from what seemed then a more beautiful world where white is
whiter returned through a hole the sky is full of such holes one for
each of us usually you can see them when the moon's aureole is
growing cold so much white even at night lying in snow holes
ache through which I will seep away with a mouth opened by
words with lips compressed by freckles sweat semen the wind turns
north zero celsius*

eugenijaus ališankos laiškas sau pačiam

jau niekad neparašysiu eilėraščio kaip bložė
didelis pasaulis daiktų daugiau nei žmonių
tie patys daugiausia numirėliai pakaruokliai
kitų pečiai krūtys kaktos
marai ekshumacijos rekrūtai vienuoliai
tiek visko gyvenime būta
kad ir nebūtų dalykų bet būta
skaitydamas tai aiškiai matai

ir neberašysiu eilėraščio kaip bložė
mano pasaulis mažas
vienas ežeras iš kurio neišbrendu
viena gatvė pora kalnų
viena moteris tebūnie ir keliose
dažniausiai tuštuma
nuo vieno žodžio ligi kito
einu pėsčiom ir kad spengia
kad spengia tyla

rašyčiau eilėraštį kaip ji
neišeina

the letter of eugenijus ališanka to himself

I can't write a poem like bložė
the world is big more things than people
even they mostly the dead the hanged
the shoulders breasts foreheads of others
plagues exhumations recruits monks
so much has happened in life
though implausible it still happened
reading you see it clearly

and I won't write a poem like bložė
my world is small
one lake I cannot wade out of
one street a couple of mountains
one woman who is in several
mostly emptiness
from one word to another
I go on foot and silence so rings
so rings

I'd write a poem like silence
no go

iš vyno istorijos

brendau lėtai
užraugtas iš gerų uogų ne vynuogių
iš vietinio genetinio fondo
iš daržų kuriuose kadaise
paties tamerlano arklys patręšė žemę
šaltai laikė per arti lango
prisižiūrėjau gyvenimo
išmokau keisti spalvą net naktį
niekas negalėjo pasakyti ar jau
tėvas perliedavo retai
turėjau daug laiko
fermentuotis savose sultyse
kartais iki rūgštumo akyse
taip ir nesubrendau
vis dar pūkščiu vis iššoka paviršiun
didelis oro burbulas
pačiam baisu kad nenueičiau actu
ką pasakysiu paskutiniojo šėlsmo dieną
kai ateis dionisas ir paklaus kas esi

from the history of the vine

I matured slowly
bred from good berries not grapes
from the local gene pool
from gardens where once
the horse of tamerlain topped off the soil
I was kept cold too close to the window
I saw enough life
learned to change color even at night
no one could tell if I was ripe
father seldom scolded
I had time
to ferment in my own juice
sometimes to sourness of eye
so I never matured
still froth still air bubbles
skim the surface
I myself am afraid I'll become vinegar
what will I say the day of the last binge
when dionysus comes and asks who are you

tapatybės krizė

kuo būčiau jeigu būčiau iš tiesų
ne taip kaip dabar žmogus
nežinia kokio tikėjimo galva sau
dievas sau liežuvis iš kalbos lopinių
būčiau tolimųjų reisų vairuotojas
bet ką valgyčiau bet ką galvočiau
bet kur miegočiau su bet kuo
pro šalį plauktų vaizdai nesiskųsčiau
upely ar sniego pusny pasitrinčiau
tepaluotas rankas jokių feminizmų
patriarchalinės daugpatystės šalininkas
tebūnie ir vienai nakčiai
skaityčiau keturis ratus
jokių sapnų jokių pasąmonės išsišokimų
inteligentiškų dejonių apie būties prasmę
niekam nelikčiau skolingas ir man niekas
pervažiuočiau per gyvenimą europą treileriu
ir pašvilpkit

identity crisis

who would I be if I were really
not as I am now a man
of an unknown faith my head by itself
god by himself the tongue of patches of language
would be a long-haul truck driver
would eat whatever think whatever
would sleep wherever with whomever
scenes would pass I would not shave
in a river or a snowdrift would rub
oily hands no feminisms
an advocate of patriarchal polygyny
so be it for one night
would read motor trend
no dreams no escapades of the unconscious
no intellectualized grunts about the meaning of being
owing no one owed by no one
would cross my life and europe by trailer
and you eat my dust

iš durnelio istorijos

1

nuo anų metų kai perkūnsargis sulinko
taip ir nešiojuos anglį užanty
kad ir mylėdamas
baltą sniego paklodę pasiklojęs
draskau peleną po peleno iš galvos
vis mažėdamas jau visai nebedaug
trūksta regis dar viena žiema
ir išbrisiu be gėdos nuogas
negirdėdamas griausmo
amalo veidu trenktas per visą pilvą

2

kol ištraukiau tą pašiną
iš suskirdusio pado
visa kariuomenė nugarmėjo
slėnin
sėdžiu toks
tylos trenktas
gal manęs ir nebėr

from the history of the klutz

1

since the year the lightning rod buckled
I've carried coal in my bosom
though loving
a white sheet of snow fallen
I claw an ash after an ash from the head
getting smaller and smaller it lacks so
little one more winter
and I would walk out naked without shame
not hearing thunder
with a sheet-lightning face punchdrunk

2

before I pulled that splinter
from my bare foot
the whole army thronged
into the valley
I sat just so
struck by silence
maybe no longer existing

3

termopiluos praradau skydą
pats nežinau kaip
apsvaigęs nuo gryno kalnų oro
parvirtau aukštielninkas ant akmens
dar spėjau pamatyti
kaip danguj sustojo spengianti
strėlė sakė vėliau
zenonas olimpietis manęs pagailėjo
galvoj iki šiol spengia

3

in thermopylae I lost the shield
I don't know how
dizzy in the fresh air of the mountains
I fell backward onto a rock
but caught the last instant
how the ringing arrow stopped
in the sky people said later
olympian zeno pitied me
my head still rings

4

tu genijus tomažai šalamunai
Tomaž Šalamun

tu genijus tomažai šalamunai
vos prisiartinu kad pabučiuočiau
togos kraštelį apsimeti
ararato kalnu
plėšaus galeroj
per adrijos jūrą
kad aplankyčiau tave
tavęs ten nebėr jau
konkistadorų priešaky
šuoliuoji indėnų prerijom
kapodamas agavų galvas
tu pabaisa kai mėginu įtikti
savo eilėraščiu sakai
nebūk durnas
tavo mikčiojantis dialektas
neturi paklausos

4

you are a genius tomažai šalamunai
Tomaž Šalamun

you are a genius tomaž šalamun
when I approach to kiss
the fringe of your toga you pretend to be
mount ararat
I sweat in the galley
to visit you
you are no longer there
in front of conquistadors
you are galloping across the prairies of indians
chopping the heads off agaves
you're a monster when I try to flatter you
with my poem you say
don't be stupid
there's no demand for
your stammering dialect

5

anąsyk kai perplaukėm nerį
užpuolė bernai šonus apskalbė
nesupratom ką sakė
sumetė atgal į upę
nuo to karto vis mokaus kalbų

6

pas rusus anuomet
kariuomenėj buvau
toks vokietis nuo kazachstano
kapitonas vis juokės
miško brolis eini kairėn
o žiūri dešinėn
net ginklo nedavė
kad nesupainiočiau kojos
tarp kirgizų ir uzbekų
liepė skelbti
žinią apie dieviškąją trejybę
bet tie gyvatės nesupranta
vienas kalbos nemoka kitas nenori
čefyrą geria žiūri gudriom
akim ir tyli
rūpūžės matyt galvojo
protingesni esą alacho kariai

5

last time we swam across the neris
bullies converged bruised our ribs
we didn't understand what they had said
thrown back into the river
since then I keep learning languages

6

with russians once
I was in the army
this german from kazakhstan
a captain kept making fun of me
forest brother you go left
and look right
I was not even given a gun
so as not to confuse my leg
among kirghizis and uzbeks
I was ordered to proclaim
news of the sacred trinity
but those snakes don't understand
one doesn't know the language
the other doesn't want to
they drink chefyr and stare sullenly
with shifty eyes
toads they thought themselves
wiser than me soldiers of allah

7

buvo toks kieme kiečiausias
nei rašyt nei skaityt nemokėjo
pirmą skaičiavimo skyrių tebaigęs
kažikoks karališkas vardas
karolis ar jurgis nepamenu
bet galvą turėjo didelę
kaip mano dvi
matyt ir smegenų
perpus daugiau
vis pagalvodavau
kam tokių
kaip aš reikia
būtų keli didžiagalviai
ir gana

7

there was one in the yard the dullest
he could neither write nor read
barely schooled at all in math
some royal name
carl or george I don't recall
but he had a huge head
like two of mine
apparently twice
as many brains
I kept thinking
who needs people like me
a couple of bigheads
would be enough

saugikliai

ištvėriau nesusikeikęs
padorumo dėlei
sveikumo dėlei turėjau
išdėti į šuns dienas
vakarykštę dieną
nepavykusius eilėraščius
patemptą koją
arba turėjau verkti
kaip žydai senajame rašte
dabar nusėdo keiksmai
giliai kažkur stemplėje
ryjant skauda
įkvepiu nebeiškvepiu
jeigu sprogsiu
miesto sienos apsitaškys
pigiais nenuplaunamais žodžiais

safes

in the name of decorum
I stopped swearing
in the name of health
I had to curse
the day yesterday
failed poems
a pulled muscle
or I had to cry
like jews in the old testament
now the curses get deposited
somewhere deep in the throat
it hurts when I swallow
I inhale can't exhale
if I burst
the city walls will drip
with cheap unerasable words

ne visai eilėraštis

jau neberašau eilėraščių
kalbuosi su mirusio angliakasio dukra
arba liežuvio galu laižau
antracito krūtis
arba geriu juodą arbatą
su bergamotės prieskoniu
žiūrėdamas tarsi į langą
bet taip tik atrodo
dažniau matau properšą
tarp tavo gyvenimo ir mano mirties
kurioje užtenka vietos abiem
ypač sausy kai nieko daugiau
ir nereikia sėdėti gerti juodą arbatą
juodomis neregio akimis žiūrėti
vienam į kitą ir matyti baltą sniegą
baltą popieriaus lapą baltą kūną

not exactly a poem

I no longer write poems
I talk to the daughter of the dead miner
or lick anthracite breasts
with the tip of my tongue
or drink black tea
laced with bergamot
as if looking at the window
but really not
sometimes I see the gap
between your life and my death
where there is room enough for both
especially in january when one needs
nothing else to sit to drink black tea
with the black eyes of the blind to look
at each other and see white snow
white sheet of paper white body

augėjo arklidės

apsiliuobi dieną pernakt vėl tas pat
šakniagumbiai kaulai
apačioj decibelai viršuj girgždanti lova
maudžia šonus negilus miegas
ant tektoninio lovos lūžio
nuogu kūnu ropinėja musė
kad tik nesusijuoktum
kai sukutena pažastį
morderca garsiai pliaukšteli
przekriew vėl tas pat
musės akis zenite
pro langą pro atviras duris
traukia skersvėjis
herakli eugenijau tavo paties
gyvenimas pilnas mėšlo
ne visad tinka trąšai ar prakuroms
žygis po žygio kyla tavo vardas
po nakties krinta spaudimas
moters pirštas ant riešo
samobójca pagiriom mineralinis
kaip pusdievis esi nemarus
kaip pušmogis esi silpnas
juokingas ir vienišas
kelkis herakli tėbuos jau laukia tavęs

augean stables

you clean the dung by day at night it returns
tuberous bones
decibels below creaking bed above
painful ribs shallow sleep
on the tectonic fault of the bed
a flea crawling on the naked body
to keep from laughing
when it tickles your armpit
morderca you slap sharply
przekriew it returns
the eye of the flea on the zenith
through the window the open door
the breeze drafts
heracles eugenijus your own
life is heaped with dung
not always good for fertilizer or kindling
labor after labor your name rises
at night the pressure drops
a woman's finger on your wrist
samobójca mineral water for your hangover
as a demigod you are immortal
as a demiman you are weak
funny and lonely
get up heracles they're waiting for you in thebes

* The italicized words are Polish. *morderca* means murderer; *przekriew* means,
roughly, "damn you"; *samobśjca* means a suicide.

16 būdų kaip nužudyti poeziją

1

pririšti prie uolos egėjo jūros pakrantėj
ir laukti kritiko slibino
netgi tuo atveju kai slibinas
pasiperša ji neatpažįstamai pasikeičia
prigimdo slibiniukų su vos įžiūrimais
motinos bruožais ją kviečias į svečius
vien kaip slibino žmoną
ir palaidoja ją šalia
toje pačioje lentynoje

2

išvežti į sibirą kokion pankrušichon
nepratus prie šalčių prie fizinio darbo
tuoj pamėls galūnės
gangrenuos būdvardžiai
paskutinis kvapą išleis
sulysęs iki riksmo daiktavardis
arba išmoks gyventi pusbadžiu
trumpom eilutėm taupiu rimu
suplyšusiuos skarmaluos
tokia neatpažįstamai pasikeitus
grįžus neras nei namų nei bičiulių

16 ways to kill poetry

1

chain her to a rock on the aegean coast
and wait for the dragon critic
even if the dragon
proposes to her she is transformed
and bears small dragons with mere hints
of her features and she is invited
only as the dragon's wife
and she is buried beside him
on the same shelf

2

exile her to siberia to some pankruszicha
her limbs not adapted to cold
to manual labor will soon turn blue
adjectives will stiffen
a noun meagred to scream
will breathe its last
or learn to live waif-like
with short lines
rhymeless and ragged
no longer herself
with neither home nor friends on her return

3

įsivilioti į karaliaus filosofo rūmus
auklėti ir rengti pagal paskutinę logikos madą
neįsileisti į rimtų vyrų mylinčių berniukus akademiją
sodinti galustalėj kartu su liokajais
tegu vaikšto nuo vieno rožės krūmo prie kito
jeigu tai bus osmanų imperatoriaus dvaras
guldyti kartu su kitom sugulovėm
su retorika onomatopėja metafora
imperatorius mėgsta rafinuotą erotiką
per ilgus imperijos gyvavimo šimtmečius
paprastai susiklosto gilios tradicijos
imperatorius miršta o sugulovės
atitenka kitam imperatoriui
netgi tos senos išklibusiais dantimis

4

nukryžiuoti ant semiotinio kvadrato

5

įrakinti grynojo proto bokšte
kartu su pelėm ir žiurkėm
iš pradžių bendraus su poezijos dievu
vėliau su visais angelais ir demonais
su baltom ir juodom dvasiom
galiausia ims žudyti visus pilkus padarus

3

entice her into the palace of the philosopher king
culture her and dress her in the latest style of logic
forbid her from the academy of serious men who love boys
sit her at the foot of the table with lackeys
ler her walk from one rosebush to the next
if it is the palace of the ottoman emperor
bed her with the other concubines
with rhetoric onomatopoeia metaphor
the emperor loves refined erotica
in the long centuries of the empire
deep traditions are established
the emperor dies and concubines
go to the next emperor
even old ones with carious teeth

4

crucify her on the semiotic square

5

lock her in the tower of pure mind
infested with mice and rats
at first she will commune with the god of poetry
then with angels and demons
with white and black spirits
finally killing all gray creatures

6

laikyti ją visų daiktų siela
arba pasimes tarp gausybės savo atspindžių
arba iš didybės sprogs širdis
mėlynu krauju užtaškydama
profesorių akinius

7

girdyti degtine alumi vynu pramaišiui
iš vakaro bus nepakeičiama pašnekovė
iš ryto eis laukais plėšoma galva
vis toliau ir toliau vieną dieną
jos niekas nepasiges

8

supilti į vyno bačką ir laikyti kol vyksta
karai okupacijos kol nederlingi metai
nepilstoma prarūgs actu nueis

9

rašyti tarp dviejų meilės aktų
net jeigu tai buvo skirtingos naktys
ar net mėnesiai

6

keep her for the soul of all things
either she will be lost among her multiple images
or her heart will burst from grandeur
spattering the glasses of professors
with blue blood

7

indulge her alternately with vodka beer wine
in the evening she will be the vital conversationalist
in the morning she will cross the field with a split head
further and further in a day
no one will miss her

8

pour her into a cask of wine and keep her while
wars and occupations occur and lean years
not decanted she will sour turning to vinegar

9

write her between two lovemakings
even if they were two different nights
or even months

10

glostyti kaip pudeliui galvą
ir sakyti kokia gerutė
netgi tavo išmatos
turi savo vietą literatūros
istorijoje

11

palikti vieną su žvaigždėmis ir mėnuliu
arba su ežeru ajerais ir baltomis burėmis
nereikės nei dviašmenio kalavijo nei giljotinos
užteks pietų vėjelio

12

palikti vieną su savimi
čiulps kiekvieną kaulelį
kiekvieną raidę
narstys iš naujo ims abejoti
pasaulio realumu neproporcingu
eilėraščio ir gyvenimo santykiu
pasirinks trumpesnę mirtį

10

caress her head like a poodle
and keep cooing what a cutie
even your shit
has a place in the history
of literature

11

leave her alone with stars and the moon
or with a lake and reeds and white sails
you will need neither a double-edged sword nor a guillotine
the south breeze will be enough

12

leave her alone with herself
she will suck every small bone clean
every character
will undo again and again will doubt
the reality of the world the disproportionate
ratio of poem to life
will take the swifter death

13

rašyti į ašarom sumirkusias pagalves

14

pastumti po amžinybės traukiniu

15
išrengti iki nuogumo
kad matytus iki skausmo įtemptos gyslos
dilgčiojantys nervai
išpampusi nuo jausmų širdis
smegenų darbas

16

mylėti

13

write her on pillows soaked with tears

14

push her under the train of eternity

15

strip her naked
so you can see her veins strained with pain
her tingling nerves
her heart swollen with feelings
the labor of her brain

16

love her

eureka

vėl atlydys
kaip ir prieš didžiuosius šalčius
ledas po drumzlinu vandeniu
kuris neatspindi nieko
sniegas iškandžiotas purvinais dantimis
aprūdijusios šunų išvietės
sausio pabaiga jokios ironijos
paslydęs nusikeikiu
nusikeikęs pasijuntu geriau
visad taip su tuo sausiu
atlydys po atlydžio
bet taip nieko ir nepasimokai
pagal archimedo dėsnį
kūnas išstumia vandenį orą eterį
turėtų išplaukti tokioj drėgmėj
gal net paimtas giedran dangun
žiūriu aukštielninkas
į properšą jokių iliuzijų

eureka

another thaw
like before the ice ages
ice under muddy water
that reflects nothing
snow bitten with carious teeth
dogs' decayed outhouses
end of january no irony at all
slipping I curse
cursing I feel better
always that way with january
a thaw after a thaw
but you moralize nothing
according to archimedes' law
a body crowds out water air ether
a body should surface in such humidity
even be taken to the clear sky
lying on my back I stare
at the gap no illusions

šitiek vietos

so much space

šitiek vietos

šitiek vietos vėjui ašaros džiūsta prieš apsiverkiant medžiai pliki
jau pati spalio pabaiga šitiek vietos ir mirę telpa į kapines
kumščiai į kišenes taip ir stovi atsilošęs į tuštmę vienas?
negailestingi metai? galvoji apie rytojų? ražieną kuri kasmet
supūva laukuos? žemė nesikeičia kaip nesikeičia ir tavo tyla
apsunkęs nuo geismo ir neapykantos dirvožemin smenga auliniai
batai kraujas aorton kūnas į kaulus pats metas spalio pati
pabaiga karpyti šakas nagus pjaustyti krūmus pirštus liežuvius
išmėtyti vaikus po pasaulį tegu mokos nesugrįžti mokos sėdėti
saulėje mokos nemirti galvoji apie tai ko negali pagalvoti? šitiek
vietos ir dievas sutilptų šakų šešėliai rašo jam? laišką skaitai? šitiek
vietos išsitiestum visu ūgiu užsimerki? vėjui ašaros džiūsta
paprasčiau gal lietus?

so much space

*so much space for the wind tears dry before you start crying trees
are naked already the end of october so much space the dead settle
into graveyards hands into pockets so you stand leaning into
emptiness alone? relentless years? are you thinking about
tomorrow? the stubble that rots in the fields each year? the soil
doesn't change like your silence you are burdened with desire and
hate heels sink into the soil blood into the aorta the body into
bones it's time the end of october to cut branches nails to trim
bushes fingers tongues to scatter children over the world let them
learn not to return learn to sit in the sun learn not to die do you
think about what cannot be thought about? so much space even
god would settle in do shadows of branches write to him? can you
read the letter? so much space you can stretch out full length do
you close your eyes? tears of wind dry up more simply maybe it is
raining?*

trikdžiai

radijo trikdžiai ryšys trūkinėja
žodžiai be galūnių tik kamienai
ką sakai kas mirė ligoninėj
ką mirtinas ligonis
ką mirtos pražydo ligoninėj
negirdžiu kamienai be šakų
be šaknų eteryje siaučia audros
tikiuosi kad sveiksti
keliesi iš lovos rytais
ilgai stovi prie lango
girdžiu balsą to užtenka
balses ilgas pauzes tarp žodžių
tarsi kalbėtum svetima kalba
kurios pramokai iš knygų
trikdžiai dažnėja
pasigirsta kitas balsas
girdžiu aiškiai kiekvieną linksnį
kiekvieną tašką kablelį
balsas sako radijo trikdžiai
sako kažkas prisijungė prie mūsų linijos
vis silpniau girdžiu tave
ką sakai mes tik radijo trikdžiai
ką trikdžiai
trikdžiai

strays

the radio strays the reception is breaking up
words uninflected only stems
what do you say who died in the hospital
what terminal patient
what dead-nettles blooming in the hospital
I do not hear stems without branches
without roots storms are raging in the ether
I hope you are healing
rise in the morning
stand a long time at the window
I hear your voice and it is enough
vowels long pauses between words
as if you spoke in a patois
you'd picked up from books
strays become more common
another voice arrives
I hear clearly now every case
every dot every comma
the voice utters the radio strays
says someone tapped our line
more and more faintly I hear you
what do you say we are just radio strays
what strays
strays

1986 balandžio 26

išdarinėta žuvis be pienių be žvynų be galvos
ant prekystalio kalvarijų turguj varvino syvus
vienintelė tokia per visą turgų
diena kaip reta šilta pasitaikė
černobylio saulutė smaili varsto
jaunų mergaičių blauzdas
merktis verčia o taip gražu
kaip šiandien pamenu
pirkau tą žuvį vestuvėms
savo kieno gi dar
tris dienas ją valgėm
užsigerdami žiguliniu
po trylikos metų agonijos meilės
būčiau žinojęs žuvim pavirsiu
po mirties į žuvų dangų eisiu
baltijos jūroj ties šventąja
toks visai nešventas nuo radiacijos
kiek didesnis nei vidutinis karosas
permatomais kaulais
didelėm akim ir pilna burna
tavo istorijos

26 april 1986

dressed fish no milt no scales no head
in the stall in kalvarijos market dripping juices
the only one in the whole market
the warm day just as exceptional
chernobyl's sharp sun seeps into
the calves of young girls
forces your eyes shut but it's beautiful
I remember as if it had happened today
I bought that fish for the wedding
my own whose else
we ate it for three days
washing it down with beer
after thirteen years of agonizing love
all I know I transformed into a fish
after death I'll go to the heaven of fish
in the baltic near the šventoji
deprived of holiness by radiation
bigger than an average crucian carp
with transparent bones
with big eyes and a mouth full
of our history

iš metamorfozių istorijos

turėjai suprasti tavo vieta po vandeniu
tarp bespalvių žolių
vos įžiūrimų iš valties
tarp nebylių ežero žuvų
kur minkščiausias patalas yra dumblas
o geriausi sapnai yra lietaus lašų ratilai
ežero paviršiuje
turėjai suprasti eugenijau
gyvenimas ir mirtis yra susisiekiantys indai
kelionė prasideda ten kur baigias deguonis
turėjai daug ką turėjai
dabar nebegrįši į peleno miestą
ir nepasakysi atsiprašau
norėjau kaip neronas pasigrožėti
liepsnų kolonom virš amžinojo miesto
seniai užmirštas tavo vardą uždraudė
skelbti netgi bulvariniuose laikraščiuose
negi tikėjais daugiau
už aistrą už kiekvieną ekstazės akimirką
moki pagal naktinį tarifą
o naktis šioje šalyje yra nepakaltinama
tavo vieta tarp tų kurie taip ir neišmoko
kvėpuoti plaučiais
kurie atsiaugino veidrodinius žvynus
ir vartos drumstam sapne
tavo vieta žiemą vasarą po ledu
kad ir po kokiu plonu kad ir
po visai nesančiu

from the history of metamorphoses

you had to understand your place is under water
among colorless grass
barely seen from a boat
among the mute fish in the lake
where mud is the softest bed
and rings around raindrops on the surface
are the best dreams
you had to understand eugenijus
life and death are communicating vessels
the journey starts where the oxygen ends
you had to many times you had to
now you will not return to the city of ash
and will not say I'm sorry
I just wanted like nero to watch
columns of flame over the eternal city
you have forgotten the way back your name is forbidden
to be published even in tabloids
did you expect more
for passion for every moment of ecstasy
you pay the night tariff
and the night is irresponsible in this country
your place is among those who so far have not learned
to breathe with lungs
who grew mirrory scales
and inhabit turbid dreams
winter or summer your place is under ice
even under thin ice
even under absent ice

iš neparašytų laiškų archyvo I

neturiu tau ką parašyti vasara baigės
išstypo sūnus beveik nemačiau
laikrodis muša skaudžiai per pakinklius per kepenis
saugau galvą bet vis išmuša mylimą veidą
vardą kurio beveik neatsimenu meilės nuotykius
beprasmius kaip oras ežeras saulė vaikystės draugus
indėniškus šūkius nešvankias skaičiuotes
vakarais skaitau simenoną su žodynu
kartais sudėlioju pasjansą pabaiga kaip visad sunkiausia
korta kurios negaliu atversti tampa kertiniu akmeniu
ant kurios statau viską
pagalvojus ne kaži ką ir turiu
pralaimėjimo kartėlis atsidūstu tik žaidimas
žudikas neišaiškintas vadinas ne pabaiga bus tęsinys
kitas skyrius taip ir leidžiu dienas
įpratau vėlai keltis rytiniai sapnai
ilgai nesitraukia vienas kitas užsilaiko lig vakaro
todėl ilgai neužmiegu deginu šviesą per naktį
nesakyčiau kad tai mane džiugina
pasiilgstu tavęs dioniso draugystė jau daros įkyri
kaip ir visi saiko nejaučviantys žmonės
jis per daug galvoja apie save nors negali išbūti vienas nė dienos
susitinkam dažnai bet abu jaučiam
kad santykiai šąla vis daugiau inercijos
šąla orai pažadina instinktyvią mirties baimę

from the archive of unwritten letters I

I have nothing to write to you summer has ended
my son has grown tall I hardly saw him
the clock delivers painful blows to my knees my liver
I protect my head but it still knocks out the beloved face
knocks out the name I hardly remember love adventures
meaningless as air lake sun knocks out childhood friends
indian slogans obscene chants
evenings I read simenon with a dictionary
sometimes I play solitaire the end is always the most difficult
the card I cannot turn becomes a cornerstone
on which I stand everything
but come to think of it I don't have much
the bitterness of loss I sigh just a game
the murder is not solved so this is not the end to be continued
another chapter in this way I spend my days
I used to get up late morning dreams
do not soon recede some stay until evening
so I can't sleep long I keep a light on all night
I wouldn't say it makes me happy
I miss you the companionship of dionysus gets old
like anyone with no sense of proportion
he thinks too much of himself though he can't be alone even a day
we meet often but both of us feel
our friendship cooling more and more to mere inertia
colder weather wakes the instinctive fear of death

skruzdėlės sukrovė aukštesnius skruzdėlynus
turėčiau daugiau rašyti taip paprastai įveikiu rudenį
tik neturiu apie ką taip ir leidžiu dienas
nusipirkau naujus batus šilčiau velkuosi
tik taip retai išeinu į miestą kad pradedu abejoti
ar jis vis dar yra ar tai tas pats miestas
ar aš esu tas kuris tau rašo ar tas kuris
neturi tau ką parašyti tavo eugenijus

ants have built higher mounds
I should write more that way I would survive autumn
but I have nothing to write about this is how I spend my days
I've bought new shoes put on warmer clothes
but I go to town so seldom that I doubt
whether it still exists whether it's the same town
whether the one who writes you is me or the one who
has nothing to write you yours eugenijus

iš neparašytų laiškų archyvo II

grižau iš kelionės mano sandalai
stovi dar prieškambary apdulkėję
neturėjau laiko sudėlioti prisiminimų
nei nuotraukų tuščias esu kaip ir vonios veidrodis
visai vasarai paliktas vienas
kasryt mėginu sugražinti į savo gyvenimą
užuolaidas stalą tapetų įtrūkimus
knygų lentynas bet jie nesutinka sugrižti
matau manęs nepažįsta
kitos jūros ar moters kvapas
mano vardas jiems nieko nesako
nieko nebesakau jiems ir aš
tyliai išsliuogiu iš sujaukto migio
miegu sunkiai vartausi sapnuoju
pasikartojančius sapnus kasryt po manim
nebelieka paklodės galėtų būti
šiokia tokia atrama dabar tik grimztu
į minkštą atminties aksomą
jokių valios pastangų kaip vaškas
išteku iš vienos dienos į kitą
vis kitoks greičiausiai joks
bičiuliai sveikinas vadinas atpažįsta vadinas
ne su manim kiekvienoj sandalo dulkelėj
kiekvienoj neišryškintoj nuotraukoj
vis kitas tas kurio nepažįsti
bet vis tiek tavo eugenijus

from the archive of unwritten letters II

I've returned from a journey my sandals
lie in the hall still dusty
I've had no time to sort my memories
or photos I'm empty like the bathroom mirror
left alone all summer
each morning I try to recover
curtains the table tears in the wallpaper
bookshelves for my life
but they refuse to return
I see they don't recognize me
the odor of another sea or woman
my name means nothing to them
I don't speak to them either
silently I slip out of the upside-down den
I sleep hard toss and turn have
recurring dreams each morning there is
no sheet left under me the sheet may be
just some prop now I sink
into the soft velvet of memory
effortlessly like wax
I flow from one day into another
each time changed likely without qualities
friends greet me it means they recognize me it means
it's not me they greet in the dust from my sandals
in each undeveloped photo
each time a different one the one you don't know
but anyway yours eugenijus

iš neparašytų laiškų archyvo III

skrandžio opą išgydžiau dabar atsiveria skylės
kaktoje delnuose kartais nesueina kaulai
kelio sąnary todėl šlubčioju mokausi būti atsargus
nedaryti staigių judesių kalbėti tuomet kai sutemsta
amžius toks kad kiekvieną laišką
turėčiau registruoti pasiektų tave lėčiau
užtat būčiau tikras nors tiesą sakant dėl ko
kad galvojau apie tave tą dieną kai
velniai nematė net ir laišką rašydamas
perdaug galvoju apie save net neklausiu
kaip sekasi tau žinau esu nepataisomas
kaip rūkas ar eilėraštis knygoj
vis dažniau žvilgteriu veidrodin
vis labiau domina smulkmenos
prairus kišenė vyno dėmė ant apykaklės
kiauros kojinės gyvaplaukiai nosyje
viskas čia mano istorija
mano sibiras ir amerika
mano kelionės marso laukais vilniaus kavinėm
dzeržinskio gatvės stogais
la petite histoire mažas nervų labirintas
kam visa tai tau pasakoju tarsi nežinotum
paprasčiausių pasaulio stebuklų
nežinau tavo eugenijus

from the archive of unwritten letters III

I cured my ulcer now holes open
in my forehead my palms sometimes my bones don't meet
in my knee so I hobble I learn to take care
not to make sudden movements to talk only after dark
the age is such that I should register
each letter it might take longer to reach you
but I would be sure though what would I be sure about
that I was thinking of you that day when
what the hell even writing a letter
I think too much about myself I don't even ask
how you are I know I'm incorrigible
like a mist or a poem in a book
more and more often I glance at the mirror
more and more I'm interested in details
a loose stitch a wine stain on a collar
a tattered sock soft hair in a nose
everything here is my history
my siberia and my america
my travels over fields of mars cafés in vilnius
roofs on dzerzhinsky street
la petite histoire a small labyrinth of nerves
why am I telling you this as if you didn't know
the simplest miracles of the world
I don't know yours eugénijus

Hogklint

pagalvojau kad tik nebūtų rimtai
kiek to rimtumo kovo sniege
ironiškai rūkiau
žvelgdamas pro pajuodusius
nuo saulės dviejų su puse
cinizmo dioptrijų akinius
miestelis tolumoj atrodė toks
juokingas su šv. marijos bažnyčios bokštais
liuteroniški gaidžiai ant stogų neleido rimtai
žiūrėti į sielovadą ir atgailą
juo labiau gulbės ir antys
iš viršaus atrodė kvailai
nebuvo pratusios prie tokio rakurso
visiškai nepasiruošusios
jūros horizonte stirksojo keli laivai
niekur neskubėjo tarsi sekmadienį
tiesa ir buvo sekmadienis
kvailiau ir nesugalvosi
visos tos spalvos
uolų rudpilkšvės jūros melsžalės
sniego skaisčiai baltos pušų ryškiai žalios
kėlė nuobodulį gamta norėjo būti
patraukli kaip senstanti trečiojo brolio
lankytoja mečiau nuorūką nuo stačios
uolos žemyn galva

Hogklint

I decided not to take it seriously
how serious is snow in march
I was smoking ironically
looking through sunglasses
with two and a half diopters of cynicism
the town in the distance seemed
ridiculous with the towers of saint mary church
lutheran cocks on the roof meant I couldn't
take the cure and the penance seriously
swans and ducks seen from above
seemed even more clumsy
unaccustomed to such an angle
they were completely unprepared
on the horizon a few ships stuck out of the sea
going leisurely as they would on a sunday
in fact it was sunday
you won't find anything more silly
all those colors
brown-grays of rocks blue-greens of the sea
lily-whites of snow bright greens of pines
bored you nature like an aging woman
in the third brother's café
wanted to be attractive
I threw the cigarette butt from the steep rock
falling head down

krito ilgai turėjo pakankamai laiko
prasukti gyvenimo juostą atgal
iki pačios pradžios juokingas
gyvenimas juokinga mirtis

it had enough time
to rewind the film of life
to the very beginning the ridiculous
life the ridiculous death

* Hogklint is a cliff on Gotland.

hagiografija

ne vienos nakties reikalas šis eilėraštis
moteris nėščia iš meilės vyras stena visą
gyvenimą toks skirtumas reikia užmiršti
eugenijau savo gerą kilmę altajaus sosto
papėdėj kūdikystę kur iš nežinomo autoriaus
paveikslo žvelgia mąslus jaunuolis
ilgais plaukais trumpa barzdike
turbūt dievas
pagal visas ikonografijos taisykles
sėdintis debesy
mėlyna vienatvės spalva vyrauja
jis ten virš lovos aš čia
atminties kanonizuotas kūdikis
toks skirtumas reikia ilgai auginti
savo nagus plaukus
mažiausiai keturiasdešimt metų
gyventi ilgiau už tą hipių tėvą paveiksle
iš vieno miesto į kitą keliauti lydimam
erotinių sapnų pasekėjų kiekvieną sutiktąją
pamylėti periferiniu žvilgsniu
niekada neatsigręžti
knygas skaityti tik tupykloje prie blausios
žibalinės atsirakinti duris paryčiais
ir kristi nenusirengus į mėlynas įkapes
ne taip gyveni eugenijau kad nerašytum eilėraščio

hagiography

this poem is not a one-night matter
a woman is pregnant from love a man struggles
his whole life such a difference you must forget
eugenijus your good birth at the foot
of the altaj throne the infancy where
from the anonymous picture a thoughtful young man looks out
with his long hair and short beard
probably the god
according to the rules of iconography
sitting in a cloud
blue dominates
he is there over the bed I am here
a child canonized by memory
such a difference you have to grow
your nails your hair long
at least forty years
to outlive that father of hippies in the picture
to travel from one city to another accompanied
by devotees of erotic dreams to make love by sideways glance
with every woman you meet
never to turn back
to read books only in the john under a dim
bulb to unlock the door at dawn
and slip into a blue shroud undressed
you don't live that life eugenijus you would not write a poem

tais laikais kontraceptinės priemonės
buvo nežinomos
kitaip nei paveikslo autorius
toks skirtumas

in those days contraceptives
were unknown
and the photographer known
such a difference

iš neparašytų karo kronikų

ėjau paskui vežimą
achilo sausgyslės įtemptos kaip stygos
grojo atsitraukimo maršą
kardas iškandžiotais dantimis
braukė per akmenis kibirkščiavo
nebuvau paskutinis už nugaros
gurguolė driekės iki horizonto
kur liepsnojo raudona saulėlydžio saulė
mūšis buvo vienas iš daugelio
nežinau net kam šįkart nesėkmingai
mėginom primesti naująjį
gyvenimo būdą pats jau seniai
atsikračiau šio žalingo įpročio
esu pakankamai geras kareivis
vykdau įsakymus tiesą sakant
seniai nesu skaitęs nė vieno iš tų
kurių vardai surašyti metraščiuos
dažniau pagalvoju gal jų ir nėra
vaizduotė iš dailiųjų menų
persimetė į vyriškus užsiėmimus
kartais pagalvoju gal ir priešas ne tas
gal ne mūsų gal net ne priešas
gal tik suklumpu ant molio gurvuolio
prasimušu galvą į durų staktą
ir kliedžiu po to per naktis

from unwritten chronicles of war

I was following a cart
achilles tendons taut like cords
were playing the march of retreat
the teeth-bitten sword
scraping over stones glistened
I wasn't last behind me
the line stretched to the horizon
where the red setting sun blazed
the battle was one of many
I don't even know who
we were trying unsuccessfully to invade this time
to impose a new way of life
I myself already lost
this addiction long ago
I am a good enough soldier
to follow orders tell the truth
for a long time I haven't read any of those
whose names are written in the chronicles
more and more often I think maybe
they never existed
imagination drifted from art
into masculine occupations
sometimes I think maybe the enemy is different
maybe not ours maybe not an enemy
maybe I just stumble on a clod of clay

apie dievo vietininką žemėje
žmogaus vietininkus danguje
vis pasvajoju apie šiltesnę vietą
kur nors kurijoj ar kanceliarijoj
rašyti užuojautas kareivių motinoms
išrašinėti sveikatos pažymas
nors žinau kuo baigias toks gyvenimas
vilkausi vidury savo amžiaus
už nugaros degė nežmogiška pašvaistė
prieš akis plytėjo neužkariautos žemės
buvo gražiausias metų laikas ruduo

bump my head on the door casing
then rave through the nights
about an avatar of god on earth
avatars of a man in heaven
more often I dream of someplace warmer
somewhere in a curia or chancery
to write letters of condolence to mothers of soldiers
to make out health certificates
though I know how such a life ends
I was dragging into middle age
behind my back an inhuman fire glowed
before my eyes unconquered lands stretched
it was autumn the most beautiful season

iš kavinės istorijos

paseno mano bičiuliai
homeras po antros taurės
pasakoja tas pačias istorijas
apie tarnybą sovietų kariuomenėj
juodosios jūros laivyne
gabenę kažkokį radioaktyvų krovinį
vos karo nesukėlę bet viskas baigęsi
sėkmingai ir vis kartoja cherzez la famme
dante irgi geras nebeskiria kas jau miręs
kas dar ne visus prie stalo siunčia
rusiškais keiksmažodžiais
ne ką geresnis ir aš
alzheimerį apsikabinęs aiškinu į ausį
apie dievo kaulus pelenus vis kauštu
tada pradedu šokti su elena
kažkoks odisėjas sukelia muštynes
traukiamės iš šito pragaro po vieną
maniau kad bičiuliai
visi už vieną pasirodo poetai
kiekvienas su savo pomirtinio gyvenimo vizija

from the history of the café

my friends have aged
homer after a second glass
tells the same stories
about soviet army service
in the black sea fleet
freighting some radioactive cargo
nearly triggered a war but everything
ended successfully and keeps repeating cherchez la femme
dante is cool too doesn't distinguish between the dead
and the not yet dead looks all around the table at jericho first
with russian curse words
I'm no better
having embraced alzheimer I keep explaining
about god's bones ashes getting more and more drunk
then dancing with helen
some odysseus starts a fight
we retreat from this hell one by one
friends I thought
sticking together but apparently poets
each with his own vision of the afterlife

iš tikėjimo istorijos

baltramiejaus naktį slėpiaus šieno kaugėj
nebuvau kito tikėjimo neturėjau nuomonės
tokie aišku baisiausi nei dievo malonės
gali tikėtis nei indulgencijų pirktis
dažniausiai sukas prie ūkio šeria
gyvulius grėbia šieną arba dirba
raštinėj laiškus klijuoja liežuviu
nesudegiau nes įvykiai mat sukos
apie turgaus aikštę prie bažnyčios
fakelais pasišviesdami teisieji šoko
švento vito šokį netikėliai kraujavo verkė
kaip visada jų mažiau vėjas pagavęs liepsną
plaikstės stogais buvo gražu kaip vėlinių
vėlų vakarą ant kapų revoliucija praūžė
per vieną naktį gal man taip pasirodė
gal praėjo koks pusšimtis metų
gal teisieji suseno ir užleido vietą
vaikams tie vis tiek kitokie kaip visada
oksfordus ir monmartrus pabaigę
tėvų tikėjimą gerbia bet patys jau ne
išlindau iš šieno kaugės ryte
lyg ir naujo tikėjimo kvapas ore
gal pasirodė gal tik degėsiai kaip žinia
jų kvapas apleidžia namus paskutinis

from the history of faith

on baltrameus' night I hid in a haystack
I wasn't of a different faith but had no say in the matter
the most monstrous can neither expect
the grace of god nor buy indulgences
mostly hang around the house feed the livestock
rake hay or work
in the office lick envelopes
I did not burn down because the events took place
in the market square by the church
the righteous danced saint vitus' dance
in torchlight the impious bled lamented
as always they were the minority the wind caught a flame
blew it over the roofs it was beautiful like late night
in a graveyard on all soul's day the revolution cut a swath
in one night maybe it appeared only to me
maybe fifty years passed
maybe the righteous got older and gave way
to their children who were different anyway as always
having graduated from oxfords and monmartres
respecting their parents' faith but having lost it themselves
I came out of the haystack in the morning
smelled a new faith in the air
maybe it appeared to me maybe it was just the site of the fire
as you know a burned smell leaves home last

iš archeologų gyvenimo

kasinėjom ilgai
kastuvai grimzdo giliai į smėlį
jokio garso keliančio virpulį
jokio vaizduotės sprogimo
žinojom čia būta miesto
čia kirtos pirklių ir nomadų keliai
žemėlapyje aiškiai matyti
monetos su imperatorių profiliais
vyskupų karūnos maro sugraužti
kaulai ir kitas muziejinis šlamštas
mūsų nedomino turėjom kitą užduotį
reikėjo patvirtinti dievo mirties versiją
čia jo kelionės linija nutrūko
sprendžiant pagal vienos sektos apokrifus
jo kūrybos ženklus matėm visur
medžiai atkartojo lapų formas
aiškiai jo ranka vedžiojo po ledo
paveikslus ant ežerų jis ne kas kitas
sugalvojo hegzametrą
visur ryškios linijos bylojančios
apie nesugadintą skonį
gal pernelyg klasikinį
tačiau teikiantį saugumo jausmą
to dievas akivaizdžiai ir siekė
tokio tobulybės kūrėjo

from the lives of the archeologists

we dug a long time
our spades sank deep into the sand
no sound sending a shiver
no explosion of imagination
we knew a town had been here
the roads of nomads and traders intersected here
one can see it clearly on the map
coins with profiles of emperors
crowns of bishops plague-infected bones
and other detritus for museums
did not interest us we had another task
we needed to confirm the version of the death of god
here the line of his journey broke off
according to one sect's apocrypha
we saw the signs of his creation everywhere
trees reiterated the forms of leaves
no doubt his hand traced the ice pictures
on lakes he and no one else
invented hexameter
everywhere sharp lines telling of unspoiled taste
maybe too classical
but apparently god had been everywhere
seeking to offer safety
and the death of such a creator
of perfection must have been perfect

ir mirtis turėjo būti tobula
taisyklingas daiktas giliausios prasmės
nušlifuotas kristalas tik tokią jo mirtį ir įsivaizdavom
apie jį tik ir kalbėjom rūkydami per pertraukas
tarp lauko darbų nors nė vienas nedrįso
paklausti kas bus toliau kai surasime
oficialūs analai tvirtino kad to daikto
reikia ieškoti danguje
iš tiesų tik mėgino suklaidinti
nukreipti nuo tikrojo kelio
kiekvienoj religijoj netrūksta egoizmo
vadinamojo ezoterinio mokymo
mūsų pasirinktas kelias buvo žemiškas
jautėme kad esame teisūs
kad esam netoli mirties

completely regular a crystal polished
by the deepest meaning exactly that way we imagined the death
we talked about on smoking breaks
between shifts though no one dared
to ask what happens later when we find it
official annals claimed one should look for it
in heaven
in reality they just tried to mislead
to divert from the right way
every religion has its share of egoism
so-called esoteric teaching
our chosen way was earthbound
we believed that we were right
that we were not far from the death

it's my life

vieno gyvenimo negana
reikia dar vieno
ne to amžinojo
kur sniegas neištirpsta per visus metus
ar šimtmečius vartos kalifornijos smėly
neįdegančios sielos
reikia dar vieno čia pat šalia
kur nuolatos vyktų karas
gulėčiau apkasuos šaltoj molžemio košėj
kelčiaus pagal komandą šaukčiau
mintinai išmoktus žodžius
siela būtų kampuota šiurkšti
tačiau užtektų to minkšto švelnaus
branduolio kad mylečiau paprastai
trumpai tarp naktinių išpuolių
bet užtat visas be kasdienybės priemaišų
karštą sriubą srėbčiau greitai
žinodamas kad bet kurią akimirką
galime pralaimėti nėra laiko
auginti gėles ant palangių
vaikščioti po žeminę
susiėmus galvą ir aimanuojant
kas bus kas bus
lankyti kapinėse seniai mirusių
protėvių kapus

it's my life

one life is not enough
I need one more
not the eternal one
where snow never melts the whole year
or where souls that can't be sunburned
stroll on california sand for centuries
I need one more near to hand
where a war would be waged permanently
I would lie in trenches in the cold porridge of clay
rise up on command I'd cry out
words learned by rote
my soul would be angular rough
yet its soft
kernel would be enough to love simply
briefly between night sorties
to love with my whole self without alloy of routine
I'd slurp my hot soup quickly
knowing we could lose
any minute there's no time
to grow flowers on windowsills
to keep walking in a trench
with my head in my hands moaning
what will happen will happen
no time to visit graves of ancestors
who died long ago

bijočiau mirties melsčiaus prieš
kiekvieną gaiduko spustelėjimą
rūkydamas prieš mūšį
išvaišinčiau visus papirosus
žinodamas gal vis tiek paskutinis
miegočiau kietai kaip užmuštas

I'd fear death I'd pray before
every pull of the trigger
smoking before a battle
I'd give out all my cigarettes
knowing it may be the last anyway
I'd sleep soundly like one dead

lydraštis gyvenimų pervežimo kompanijai

pridedu lydraštį prie savo gyvenimo:
ne kontovatj kūnas gal ir ištvertų
bet mintys gali subėgti
į sėdmenis šlapimtakius kitas dažniausiai
nutylimas vietas
nelaikyti ilgai lietuje per lietų išsiderina
sąmonė sažinė teisingo gyvenimo samprata
užtrumpinama elektros srovė smegenyse
arba susikaupia išlydžiai
ir tada situacija tampa nekontroliuojama
žaibai putos ant lūpų išeina į kalnus
arba važiuoja traukiniu per europą
laikyti geru poetu tuomet mažiau galvoja
apie save daugiau apie pinigus
išvesti pasivaikščioti kai prašosi
metams neteikti reikšmės nes dauguma jų tušti
nerašyti laiškų nes į juos neatsako
galima kokį kartą pasodinti į elektros kėdę
arba dujų kamerą – vienaip ar kitaip yra nusipelnęs
dažniau vėdinti pavežinti ar paskraidinti
kad neįsimestų kandys per žiemą
į ilgus plaukus
nepatartina rinkti prezidentu – sostinę perkeltų
į zabariją
nežadinti kai miega neskambinti kai mylisi

bill of lading to the shipping company of lives

I add a bill of lading to my life:
HANDLE WITH CARE the body might survive
but thoughts might drip down
to anus ureter other parts
usually unmentioned
do not leave long in the rain
in rain consciousness conscience morality fall out of tune
electric currents in the brain black out
or discharges accumulate
and then the situation gets out of hand
lightning strikes foam on his lips he leaves for the mountains
or travels by train across europe
take him for a good poet and he'll think
about himself less about money more
give him a walk when he asks
don't emphasize age most of his years were empty
don't write him letters he never replies
put him in an electric chair
or gas chamber someday – he's deserved it one way or another
ventilate him give him a drive or a flight
so moths won't infest
his long hair in the winter
it wouldn't be wise to elect him president – he'd move
the capital to zabarija
don't wake him when he's sleeping

neduoti arbatpinigių už gerus darbus
neaiškinti gyvenimo prasmės nerodyti pavyzdžio
nevaikščioti į svečius
girdyti earl grey arbata arba švyturio alumi
negąsdinti mirtimi

don't call him when he's making love
don't tip him for good deeds
don't explain the meaning of life don't set an example
don't visit him
fill him with earl grey tea or švyturys beer
don't frighten him with death

iš šachmatų istorijos

iš nuobodulio stumdžiau šachmatų figūrėles
kaip ir visada iš pradžių atsainiai
atseit žaidimas nieko rimto
bet kai pajudinau karalių
supratau kad padariau svarbiausią
rokiruotę gyvenime
palikau namus išėjau į mūšio lauką
nepridengtas bičiulių
supratau kokią klaidą dariau
nesirūpindamas pėstininkais
atseit tik pėstininkai nedaug reiškiantys
patrankų mėsa
nuo jūros tvoskė sūrus vėjas
atnešdamas dejones ir riksmus
žirgai klupo ant aštrių kalbos akmenų
dramblio kaulo bokštai dar puoselėjo
grynosios minties viltį bet žinojau jie neįžengs
į naujas teritorijas taip ir liks vieniši
apsupti neišmanėlių ordos
rikiai turėjo judėjimo laisvę
todėl daugiausiai rizikavo
juos mirtis ištikdavo viršijus greitį
jie buvo mano alter ego
tiesa karalienė jos man buvo
gaila labiausiai visad ištikimai

from the history of chess

in my boredom I was pushing chessmen
as always at first offhandedly
that is to say just a game nothing serious
but when I moved the king
I understood that act of castling
was the most important of my life
I left home went onto the battlefield
not covered by friends
I understood what a mistake I was making
not taking care of pawns
not letting them matter much
just be cannon fodder
a salty wind blew in from the sea
bringing groans and screams
knights stumbled on sharp stones of language
ivory rooks still cherished
the hope of pure mind but I knew they would never enter
new territories they would stay alone
surrounded by the ignorant horde
bishops had freedom of movement
so they took the greatest risks
death visited them when they were speeding
they were my alter ego
true I pitied the queen
she guarded me

gynė mano silpnąsias vietas pridengdavo
nuo tolimiausių pavojų užkirsdavo kelią
juodajai karalienei viena ji nebegalėjo
apginti manęs nuo žaidimo aistros
man grėsė ne mirtis nuo išdaviko rankos
ar dėl klaidingo žodžio
manęs laukė paprasčiausias matas

covered my weak spots
against the distant dangers protected me
from the black queen but could not by herself
defend me from the passion of the game
I was not facing death at the hands of a traitor
or because of a wrong word
what waited for me was the simplest mate

iš teatro istorijos

epilogą žinojau nedaug veikiančių asmenų
choras išvyko paskutiniu troleibusu toliau leido įrašą
scenoje buvo naktis pusbalsiu kartojau tekstą
norėjo grigališkųjų mišių štai ir turi
norėjo mišių štai ir turi
ne mano žodžiai todėl nežinojau
kur kirtis kirčiavau kiekvieną skiemenį kiekvieną
raidę pro užkulisius traukė skersvėjis
vėl režisierius paliko atvirą langą
gal ne jis gal mano mizanscenos partnerė jaudinas
rūko ir pučia ratilus į kitą
tikrąją naktį
stengiausi susikaupti
tiesą sakant tik atlikti pareigą pasiimti honorarą
neįsipainioti į sudėtingus kolektyvo santykius
vienas išslysti pro tarnybines duris
mano kaip žudiko visai netragiško tiesiog buitinės
beprotybės apsėstojo vaidmuo
visai netiko serialui publika švilpė iš baimės
kad bus tik vienas veiksmas
kavinę uždarys dar finalinei scenai nepasibaigus
turėjau greit apsispręsti kur kirtis
kuo kirsti kam

from the history of theater

I knew the epilogue not many dramatis personae
the chorus left on the last train then records were played
on stage it was night under my breath I was repeating the script
they wanted gregorian chant here it is
they wanted the mass here it is
not my words so I didn't know
where the accent fell I accented every syllable every
letter a draft blew in from the wings
the director left a window open again
maybe not him maybe my mise-en-scene partner is nervous
blowing smoke rings into another
real night
I was trying to concentrate
just do my part take the honorarium
not get involved in the complicated relationships of the company
slip out the stage door alone
the murderer I played not tragic at all just mad
unfit for the series the crowd whistled from fear
there would be only one act
the café would be closed before the last scene ended
I had to decide what syllables to drum
and who to drum with what

iš vaizduotės istorijos

nebuvau zbigiewai pas tave svečiuose
nespaudžiau rankos tavo mielai žmonai
nemačiau tavo knygų spintų
kuriose be jokios tvarkos taikiai sugyvena
cezaris tacitas judas spinoza fortinbrasas livijus kaligula
kunigaikštis kropotkinas ir seniausios moterų
profsąjungos narė curatia dionisia
neglosčiau tavo mylimo gyvūno kokios veislės galėjo būti
greičiausiai be kilmės dokumentų
kentauro ir vienaragio mišrūnas
nesėdėjau salione prie meiliai murkiančio židinio
su taurele zubruvkos
išgirdau apie tave iš tavo bičiulio
pono cogito sakė kad dažnai nebūni namuose
vis kelionėse kartais apsistoji eilėrasčių nakvynės namuose
supratau kad esam susitikę
irgi gyvenu dažniau ne namuos
taigi tikrai esam susitikę
ne tiek daug vietų šiame pasauly
kad imtume ir prasilenktume
regis prisimenu tai buvo vaizduotės
festivalis mėginai apsimesti kažkuo kitu
gal durneliu iš stebuklinės pasakos
gal karaliaus mido juokdariu
sekės neblogai tik pro apsiaustą vis lindo

from the history of imagination

I did not visit you zbigniew
did not press your sweet wife's hand
did not see your bookshelves
where without order peacefully coexist
caesar tacitus judas spinoza fortinbras livy caligula
prince kropotkin and a member of the oldest
trade union curatia dionisia
I did not stroke your beloved pet what species was it
probably without a pedigree
a hybrid of centaur and unicorn
did not sit in the parlor close to the cozy fireplace
with a shot of zubruvka
I got news of you from your friend
mister cogito who said you are seldom home
always traveling sometimes you stop in the hostel of poems
I understand we have met
I too am seldom at home
so surely we have met
how many places are there in this world
to go to pass one another
I think I remember it was at the festival
of imagination you pretended to be someone else
maybe a klutz from a miraculous fairy tale
maybe king midas' fool
you played it well but out of your coat

balta marškinių apykaklė
gal ir gerai kad nebuvau svečiuose
aristokratizmas gyvenime ir vaizduotėje
du skirtingi dalykai

a white shirt collar kept creeping up
maybe it's better that I didn't visit you
aristocracy in life and imagination
are two different things

iš rašytojo istorijos

nešiojau laiškus
dažniausiai pats parašydavau
ant herbinio popieriaus
sulankstydavau į trikampį
be jokio voko
užrašydavau tik atgalinį adresą
niekas ir nesitikėjo daugiau
gauna ir verkia tuo metu
tyliai smunku pro duris
dažniausiai pataikydavau
vieno sūnus fronto apkasuos
kito dukra pasileidus
trečio katė pabėgo iš namų
ketvirtas toks vienišas
kad vis tikis nors ir kokios
nelaimės žemės drebėjimo
avarijos greitkely vis tikis
kad ten galėjo būti ir jo artimieji
išmokau nedaugžodžiauti
jus ištiko nelaimė užjaučiame
jūsų ištikimas toliau neįskaitoma
rašalo dėmė ar apsvilęs kampas
tapau artimu bičiuliu
kvietės prie stalo arbatai

from the history of a writer

I was delivering letters
mostly ones I wrote myself
on a piece of paper stamped
and folded into a triangle
with no envelope
address written on the back
no one expected more
while the recipient cries
I slip quietly through the door
usually I got in
one's son is in a trench at the front
one's daughter is a whore
the third one's cat has run away
the fourth is so lonely
that of any disaster an earthquake
a traffic accident he always hopes
his relatives were involved too
I learned not to say much
we regret to inform you
your humble and obedient servant
beyond that illegible
an ink blot a scorched corner
I became a close friend
they would invite me to the table for tea

dovanodavo kokią kepurę ar
vilnones kojines
pagaliau pasijutau žmogumi
kuriam nesvetimas svetimas skausmas

give me some cap or
woolen socks
at last I became a human
to whom an alien pain is not alien

vieną kartą gyvenime

duris atidarė ir užrėmė akmeniu
artimi ir rečiau matyti veidai sveikinos
sėdo ant suolų galustalėj degė aukštos
raudonos žvakės visi nešė gėles
kiek priminė laidotuves
nesigirdėjo etatinių raudotojų
valgė tyliai nebarškindami šakutėmis
į lėkštes gėrė nedaug
nežinojau kaip elgtis
tarsi buvau kaltininkas
greičiau buvau kaltas
kad elgiaus nesvetingai
nešnekinau visų vardais
neklausinėjau apie vaikus
nesišypsojau
nelaidžiau juokelių
pirmą kartą elgiausi kaip norėjau
gulėjau užmerktom akim
ir tylėjau
kada nors pasigailėsiu
kad buvau toks nesvetingas
bent vieną kartą gyvenime
norėjau pabūti savimi ne tik vienas

once in my life

a stone propped the door open
familiar faces and faces I seldom saw greeted one another
guests sat on benches at the head of the table
tall red candles burned everyone brought flowers
it reminded me of a funeral
the regular mourners couldn't be heard
everyone ate quietly not clattering forks
onto plates drank little
I didn't know how to behave
I felt like a culprit
or at least culpable
for not being a good host
I did not call them by name
did not ask about their children
did not smile
did not joke
for the first time I acted in my own way
I lay with closed eyes
silent
someday I will regret
showing so little hospitality
I wanted at least once in my life
to be myself without being alone

Eugenijus Ališanka (b. 1960) lives in Vilnius, Lithuania, and works as editor-in-chief of *The Vilnius Review*. In Lithuania, his work has been accorded standing among the nation's finest literature: for example, his first poetry collection won the best debut of the year prize, and one of his essay collections was awarded the Culture Ministry Prize. But his work has also garnered international recognition: he has been a fellow of the International Writing Program at the University of Iowa, and his work has been translated into French, Slovenian, Russian, Polish, Finnish, Hebrew, Swedish, German, and other languages. *from unwritten histories* is the second of his poetry collections to be published in English translation: in 2000, *Peleno miestas* was published in translation by Northwestern University Press as *City of Ash*.

H. L. Hix's most recent book is a "selected poems" entitled *First Fire, Then Birds: Obsessionals 1985-2010*. Others of his recent poetry collections include *Incident Light*, *Legible Heavens*, and *Chromatic* (a finalist for the National Book Award). His books of criticism and theory include *As Easy As Lying*, *Spirits Hovering Over the Ashes: Legacies of Postmodern Theory*, and *Morte d'Author: An Autopsy*. He earned his Ph.D. in philosophy from the University of Texas at Austin, and currently teaches in the Creative Writing MFA at the University of Wyoming. His website is www.hlhix.com.